Surpassing Creation

Sureation

生存術

設計交鋒 南北會師

The Crossing Over of Design
Between North & South

推薦序

　　國立臺灣師範大學設計學系，在「產學合作」與「產用合一」的教育目標之下，致力培養理論與實務兼備、國際與本土結合的多元專業人才，講究教學與實務相輔相成。

　　師大設計學系第一屆入學生將在二零一三年六月畢業，為呈現設計系學生四年間學習的成果，辦理第一屆師大設計學系畢業展，盼藉由活動發聲，讓社會大眾瞭解設計產業多元發展的趨勢與內涵，並使學子間更能相互交流與成長。

　　畢業展主題「生存術」訴說學生們在設計上、在生活中的點點滴滴，別具一格的特色與創新精神為學弟妹立下了良好典範。同學們對設計的熱情都是帶領未來臺灣設計界的力量，並肩作戰的老師和學生們更共同創造了不可取代的回憶。畢業班設計的旅程、人生的旅程也將在所有師長及學弟妹的祝福中展開新的階段，願各位未來在升學或職場上有突出的表現。祝福大家。

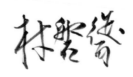

羨慕設計系首屆畢業生
開創台灣設計新局
接續台灣設計傳統
再造台灣設計未來

國立臺灣師範大學名譽教授　林磐聳

推薦序

　　瘋狂而浪漫，這些白紙般的初生之犢，以無比的創意和用心，毫無保留的將自己的感情融入設計大海，也將設計運用到日常生活中各個角落，透過他們純粹而無懼的眼界，我看見了臺灣設計界的無限生命力。

　　國立臺灣師範大學設計學系第一屆畢業展 --「生存術」，是畢業班同學們四年來努力的見證，透過不斷的學習、溝通，深入各地的尋找靈感，常常過著日夜顛倒的生活，除了展現職場所需的韌性，更體現這群孩子對他們自己作品的堅持。

　　這一次，他們將四年所學發揮得淋漓盡致，孩子們的用心與實力，相信觀者透過他們的作品，一定能感受到那最炙熱、專屬於青春的設計力量。現在，他們在畢業展的「生存戰」中達陣了，祝福他們，在未來的路上，也都能找到自己獨一無二的「生存術」。

頑石文創開發顧問有限公司
創意總監暨創辦人

主任序

　　國立臺灣師範大學設計學系，目前為全國創意設計領域最佳系所，今年第一屆畢業生呈現了這四年多元學習的成果，並展現一流學生對人文藝術之創意發想極深入的表現。

　　在今年的畢業展上，臺師大設計系的學生把他們在這一千四百多個日子裡所吸收的設計美學養分，轉化成全新的設計，他們的創作能量與才華，將會展現在大家眼前。大學的這四年，他們不斷重複著探索、尋找、實驗、發現，往自己喜歡的方向前進。雖然曾遇過許多挫折，但是都能從中得到許多寶貴的經驗。未來，相信他們將會帶著對設計的執著與熱愛繼續努力，擴大自己的視野，用放大格局的角度觀察、反省隱藏在世界每個角落的創意，培養專屬個人的設計觀。期待他們，都能在屬於自己的舞台發光發熱，為這個世界帶來更美好的未來。

國立臺灣師範大學設計學系
系主任　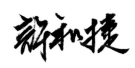

導師序

　　從 2009 年入學的第一屆視覺設計學系到第一屆設計學系畢業生，名稱雖然更動了，但是實質上還是沒變的。所以，此次他們畢業專題製作的內容，除了展現現代年輕人的創意思維之外，亦結合視覺設計課程中所學所思，課題思考也多環繞在品牌、出版與多媒體動畫等方面。身為他們的導師的我，就個人觀點來為大家引介其間的旨趣。

　　精湛的敘事能力是他們選擇自創品牌的基石。官官與媛俐的〈結球果〉，它的品牌概念是以連結與溝通為出發點，為社福團體提供設計服務，風格上以情感書寫的手繪方式呈現出獨特的視覺效果；靜怡的〈小島〉是一張非主流音樂的專輯設計，利用文字、影像、墨染與插畫等表現形式，訴說她心中抽象的島嶼；Tom 和世堯合作〈爿爿花〉，除了出版「臺灣傳統瓷磚圖鑑」之外，也開發出許多瓷磚紋樣的手工皂商品，深具文化意涵與價值，其中每一個經田野調查而來的圖樣，都訴說著一段浪漫的故事；高高的〈聖香水〉品牌設計延續著超模的劇情，遙望的應是伸展台的另一端吧？而喬喬與千雅的〈微〉，以傳統戲曲故事導入茶文化的品牌設計，不只有微感覺也有微享樂，是兩個的渴望著平凡生活女子的「大」作品。

　　豐富的文采與想像力是他們以裝幀出版表現的肇因。亭葶與欣苡的〈末日記〉是一本陪你渡過每個世界末日的紀念書，她們以影像與繪畫拼貼出末日的藍圖，啟示著我們生命的意義不在長度，而是它的高度與深度；亮亮與渴昀的〈水底世界生活指南〉是一本圖文小說，書中充滿著人類遷居水世界後的想像，也導出許多現今生活環境被毀滅的事實，警世意味濃厚；可多的〈夢遊者〉是一本有關夢的

書，以紙張堆疊與雕刻的方式來呈現超現實的氛圍，說它是書籍裝幀出版設計，不如說是以腦書概念且可翻閱的裝置藝術來得貼切一些吧！詒子的〈蓬萊仙島少年少女〉號稱臺灣版的《愛麗絲夢遊仙境》，內容上除了部分原著中荒誕的情節之外，並揉合作者觀察到臺灣奇特的社會現象，以單色線條表現出強烈個人的插畫風格特色；宇婷、敏惠與柏甄的〈七原最〉是各以摺頁、立體與隧道等不同表現方式，結合繪畫，以圖文書的形式探討原罪在現代年輕人身上的樣貌及型態；邑琳的〈奇廟體操〉是一套融入臺灣傳統文化體操教學的圖文集，頗具特色的插圖與易懂的文字，帶出濃濃的鄉土文化氣息；而佩玲姐的〈COME HOME ABC〉，是結合臺灣文化的英文單字教學立體書，將臺灣現實生活元素用可愛的插畫表現，再利用紙張翻摺、開闔與拼貼產生立體效果，平實中蘊涵創意。

　　堅定的毅力與好奇心是他們製作多媒體動畫的誘因。宣姬、夫夫與 Jill 的〈波力走路〉是一部勇於追求自我的逐格動畫，故事內容強調每個人的自我價值，視覺風格上以鮮明主角搭配低調背景呈現出雅致的對比效果；艷平、嗎咪與大雄的〈OUCH！〉是一部關於初戀的 3D 動畫，故事有趣充滿隱喻性，帶有一汪流水式鳳眼的小熊造型，更是深具魅力。

　　最後，最重要還是要感謝俊良、偉民與文清等三位老師細心、耐心和用心的指導，非此他們焉能擁有今日之豐碩成果？我也很幸運能擔任這一班的導師，他們把我「寵」得就像明星一樣，膽顫心驚之餘，也感到溫馨滿懷，感謝他們把我的心變年輕了，也祝福這些年輕人都能找到自己 Mr. Right，一起甜美地開創幸福的人生！

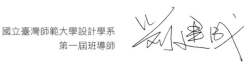

國立臺灣師範大學設計學系
第一屆班導師

生存術
Surealjon

目 次
contents

品 牌 與 包 裝 設 計
Brand & package design

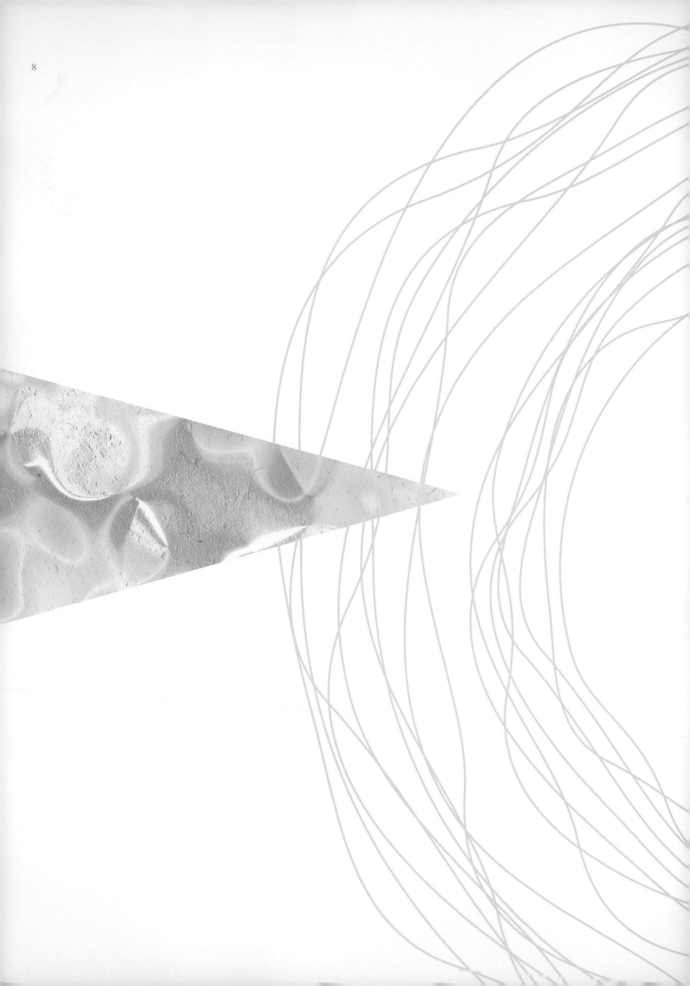

生存術

什麼是生存？

生存是一項技術，是迎合或固守的兩難修行；
生存是一門藝術，是夾縫中練就的心境；
為了生存，我們需要陽光，需要水。
需要耐性，需要運氣。
需要掙扎，需要吶喊。
需要焦躁，需要瘋狂。
需要付出，需要代價。

這是我們的，生存之道。

品 牌 與 包 裝 設 計
Brand & Package Design

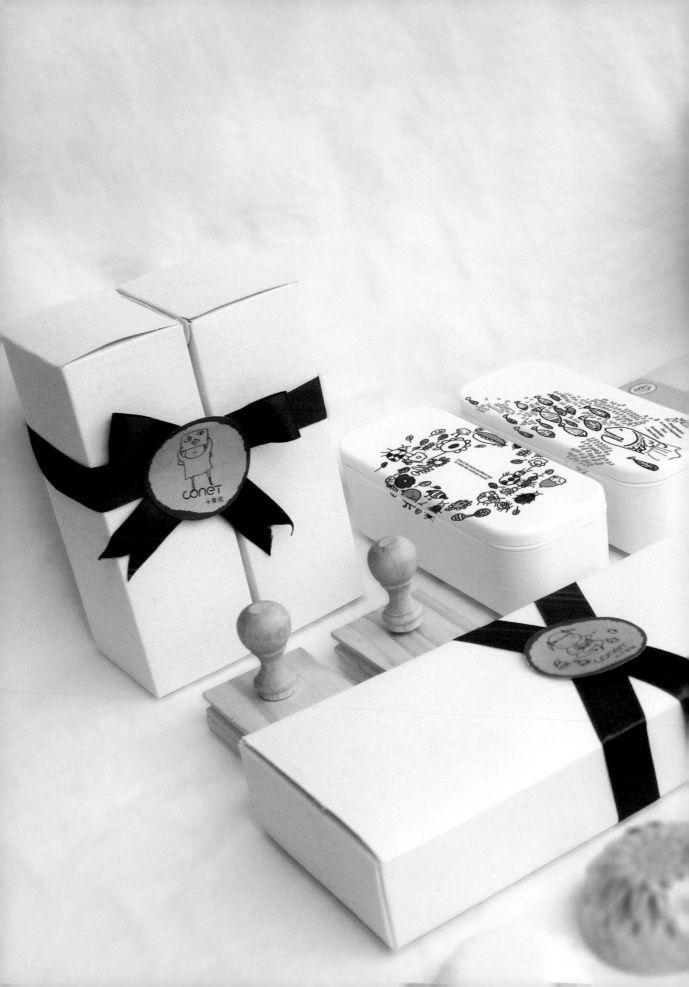

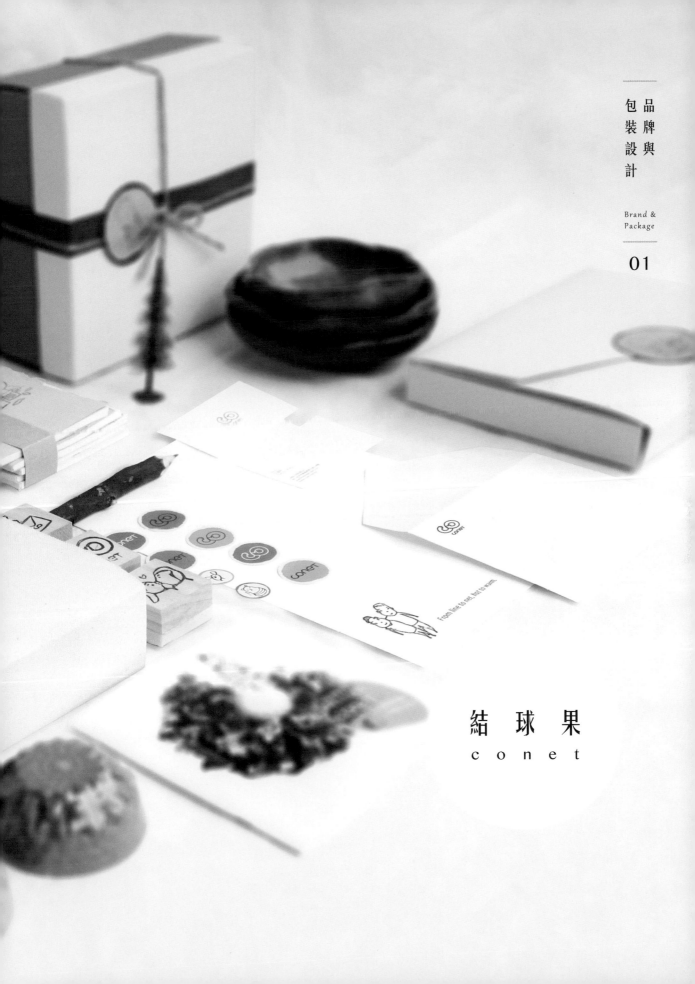

結 球 果
c o n e t

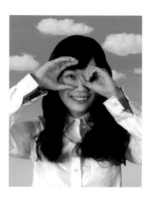

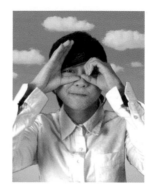

官　孟　穎

Kuan Meng Ying

王　媛　俐

Wang Yuan Lih

From line to net,
warm to hot.

擁抱每個生命故事
讓世界更美好的品牌設計

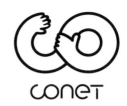

專題介紹 conet 結球果，是一間針對全臺灣社福團體（或個人），提供從商品企劃到銷售推廣的設計品牌。我們販售的商品兼具美感與實用性，讓商品回歸其價值，一個禮盒述說的是一個生命故事。這一頭，面對的是對生命富有熱忱的夢想家，而另一端，你把禮盒連同心意送給最重要的人。因為 conet -- 世界串聯在一起，密麻枝枒結在愛心的灌溉下，結出了一顆顆小球果，溫暖每個角落。

目前第一年的禮盒預計在春季推出野餐餐盒、夏天是冰涼陶盤、秋天則有筆記書禮盒可以寫下心情日記、冬天的手工香皂則可盡情享受泡澡樂趣。

創作理念 現今有許多為身心障礙者服務的團體與基金會，其關係不應分割，為了能使各個團體彼此有更多合作交流的機會，我們創建一個合作平台，提供從設計到銷售的整合性服務。從調查各基金會之庇護工場所推出的特色商品開始，而後針對其設計專屬的故事禮盒，禮盒內商品由基金會負責製作，再來到我們建立的網路銷售平台對外銷售，透過設計這個大聲公，讓身心障礙的朋友們站上舞台，說出他們的故事。

conet 的企業宗旨為連結與溝通，我們企圖扮演一座橋樑，讓社會大眾重新重視身旁的人們。為此，conet 以手繪方式畫出一個個生活情境，喚起共鳴 -- 這些拙趣的繪圖亦是 conet 的視覺形象，以米白基調，搭配草綠、橘、灰藍等簡單明確的色彩，傳達品牌溫暖的概念。

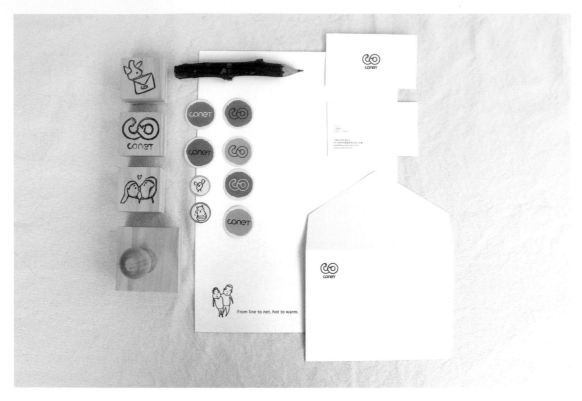

conet CI

CI 包含印章、貼紙、信封、名片
及袋子,我們以手繪人物呈現生
活的點點滴滴,運用拙趣、柔軟
的線條建立品牌形象。這些小人
物象徵你我,亦是 conet 的可愛代
言人。

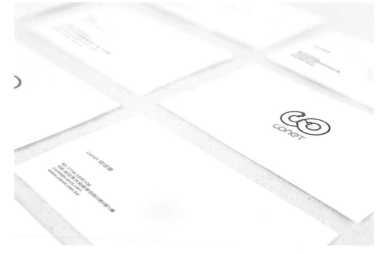

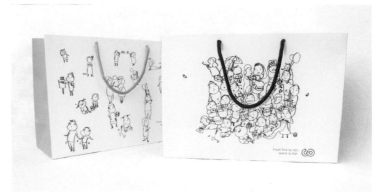

遇見 conet

conet 的誕生是一步一步的小腳印,透過大家合作而來,下圖為 conet 流程圖。

conet 的一天從搜尋全臺灣的社福團體和身心障礙工作者開始,當發現有潛力的社福團體後,即針對社福團體的特色,評估其製作商品的能力,從商品開發到行銷推廣提出企劃。若是社福團體認同 conet 的理念,我們便進行更深入的交流溝通,以求商品更貼近需求。商品完成後將在 conet 網路平台上架,消費者可透過網路輕鬆購買,而 conet 將以實質的金錢直接回饋合作社福團體。

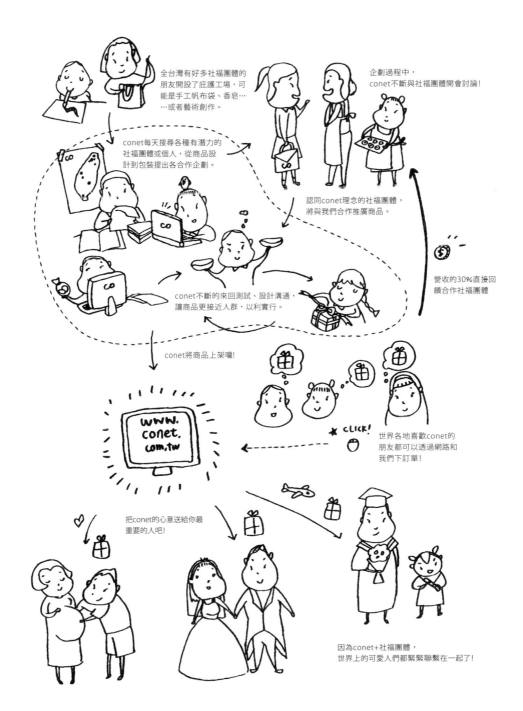

全台灣有好多社福團體的朋友開設了庇護工場,可能是手工帆布袋、香皂……或者藝術創作。

conet每天搜尋各種有潛力的社福團體或個人,從商品設計到包裝提出各合作企劃。

企劃過程中,conet不斷與社福團體開會討論!

認同conet理念的社福團體,將與我們合作推廣商品。

conet不斷的來回測試、設計溝通,讓商品更接近人群,以利實行。

營收的30%直接回饋合作社福團體

conet將商品上架囉!

www.conet.com.tw

CLICK!

世界各地喜歡conet的朋友都可以透過網路和我們下訂單!

把conet的心意送給你最重要的人吧!

因為conet+社福團體,世界上的可愛人們都緊緊聯繫在一起了!

conet 產品印章及手冊

印章為手刻的木柄橡皮擦，特地保
留了趣味的手工感。每季禮盒皆有
一本配套的手冊，手冊中除介紹當
季禮盒特色，更收錄 conet 與合作
社福團體接觸後的獨家生命故事，
紀錄一位位生活夢想家。

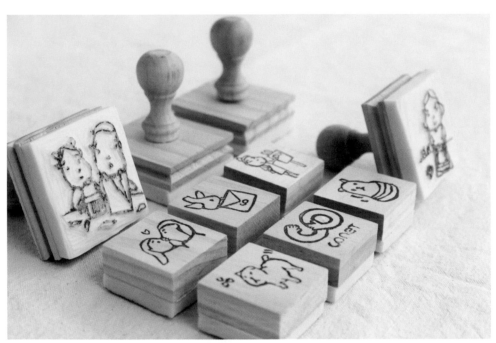

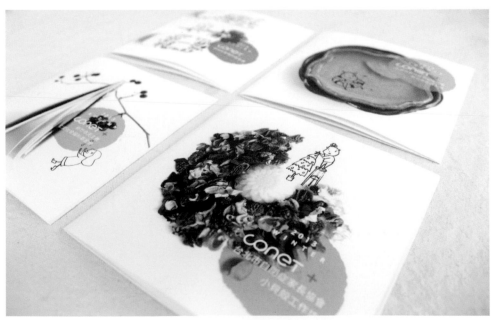

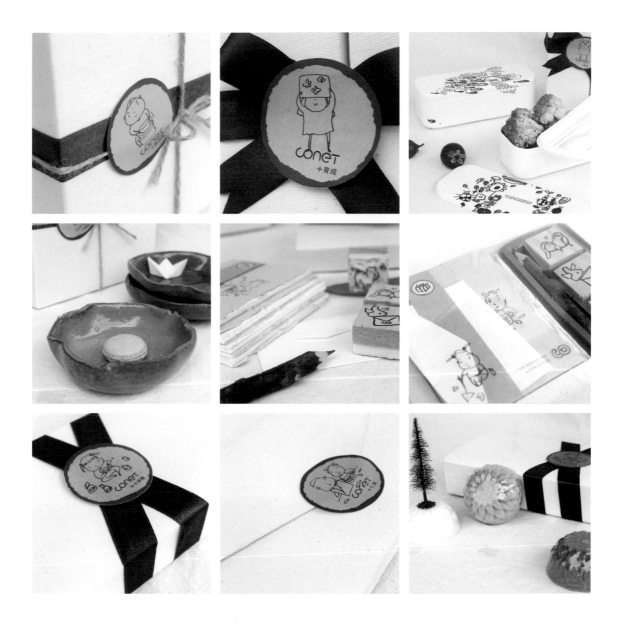

禮盒產品小細節

conet 的禮盒運用布質的麻布包材，從視覺與觸覺二方面傳遞品牌溫暖概念。四款禮盒維持一貫的米白基調，辨識則以緞帶和貼紙作為區分 -- 包裝簡單化，米白底色與俏皮的色塊貼紙相映成趣。

產品形象圖

conet 每年將分別在春夏秋冬四季推出四款禮盒，每季產品各和不同的社福團體合作，並融合季節特色和基金會故事。

在第一年中，我們找到了每年舉辦繪畫比賽的育成基金會、玩陶著稱的高雄憨兒窯、製作特色手抄紙的晨曦發展中心和以手工皂聞名的小貝殼工作坊。

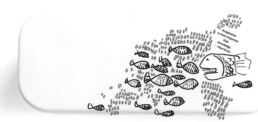

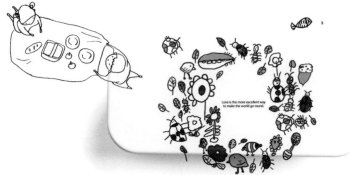

花開時味・春曉餐盒
— 與育成社會福利基金會合作開發

春天野餐是一種趣味，針對育成社會福利基金會內學生的畫進行再設計，而後印製於環保餐盒，讓在食用餐點時更能欣賞另一番圖畫中的樂趣。

* 便當盒型採用無印良品便當盒模擬。

豔陽冰角・冰沁陶盤
— 與高雄憨兒窯合作開發

conet 為憨兒窯設計了一款以水藍色為主的陶盤，邊緣的不規則是製作上的一種趣味，當陶盤上下疊起時，彷彿花朵般的綻放。

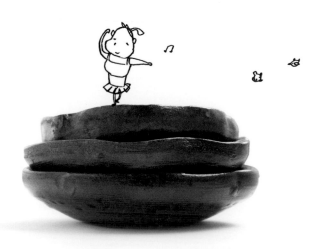

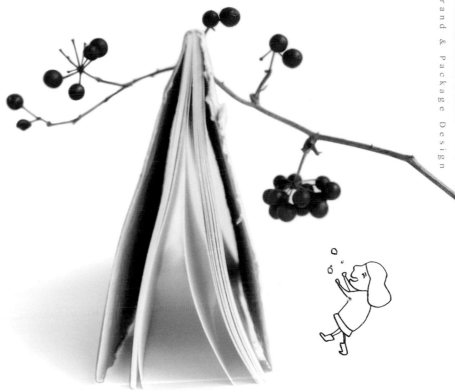

晚風新生 · 手抄紙筆記書
── 與新竹仁愛社會福利基金會附設晨曦
發展中心合作開發

conet 為了將晨曦發展中心生產的
手抄紙溫暖感受完整呈現，設計
了一套筆記書禮盒，禮盒內含一
套六式的手工日記本、手製印章
及樹枝鉛筆，讓消費者能盡情設
計屬於自己的心情筆記。

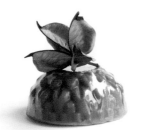

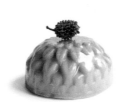
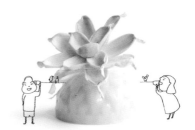

還寒暖香 · 泡泡暖皂
── 與小貝殼工作坊合作開發

冬天寒冷得想讓人好好泡一泡澡，
小貝殼的肥皂不僅在味道上有迷
人的香氣，使用起來更能保護肌
膚，讓人有愉悅的心情。

conet 網站

conet 以網路作為購買平台,出貨
與客服皆能有效控管,認同 conet
理念的消費者,能不受時、地限
制,輕鬆下單。

網站視覺編排用活潑的互動方式呈
現,內容有 conet 的介紹與流程、
最新消息,並收錄每年四季的禮
盒產品說明與合作基金會的故事
影片,讓大家直接從網頁上了解
conet 與各季產品的內容與故事。

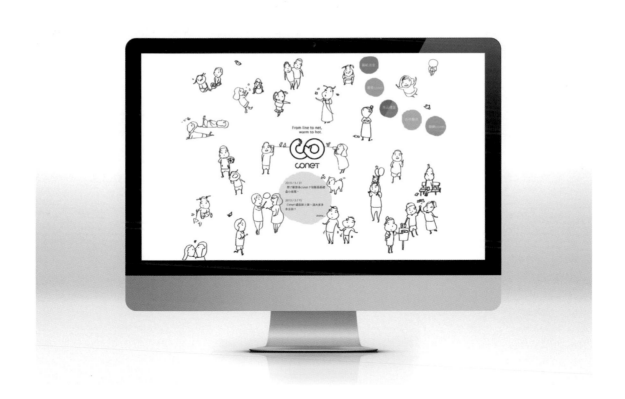

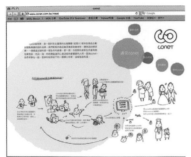
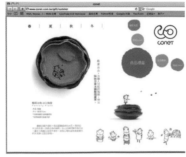
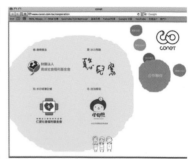

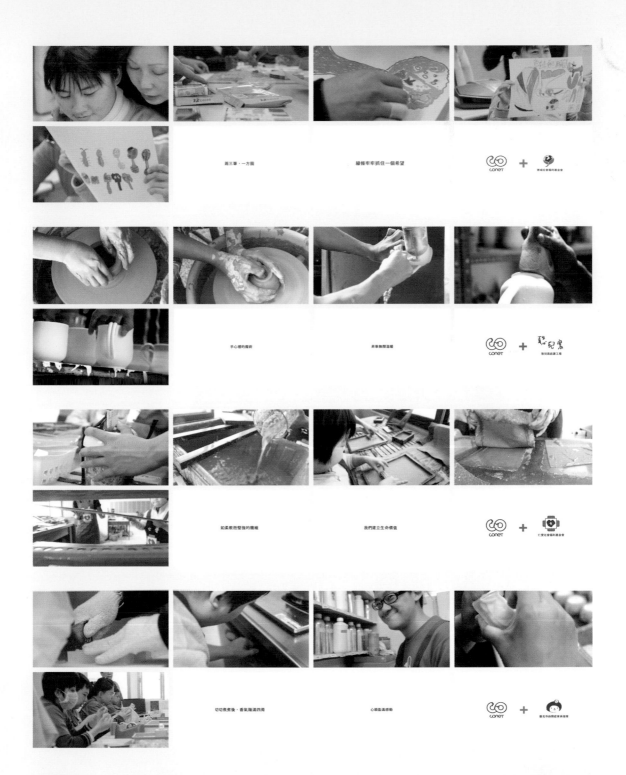

劃三筆·一方圓　　　　　　　線條牢牢抓住一個希望

手心裡的魔術　　　　　　　昇華無際溫暖

如柔軟而堅強的纖維　　　　我們建立生命價值

切切煮煮後·香氣隱滿四周　　心明盈滿感動

故事影片

由上而下依序為春、夏、秋、冬依序推出的影片，每部皆為 45 秒，簡短紀錄 conet 合作基金會的產品製程。

conet 以跟拍方式紀錄最真實的片段，並用降低彩度的畫面，呈現整體視覺，企圖表達的是平凡的故事與深切的溫暖 -- 博取同情而促進銷售不是我們的目的。當消費者取得

我們的產品手冊時，即可透過其上的 QRcode 輕鬆連結網站並瀏覽影片，消費者購買 conet 商品（或者考慮購買），獲得的不只是實品，更是珍藏一段溫暖的生命故事。

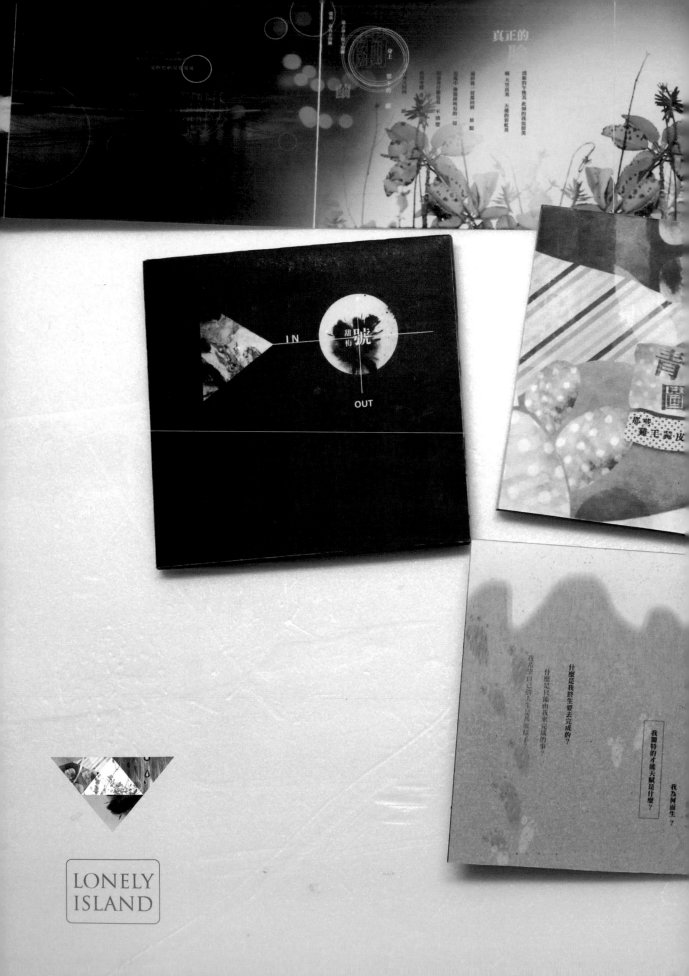

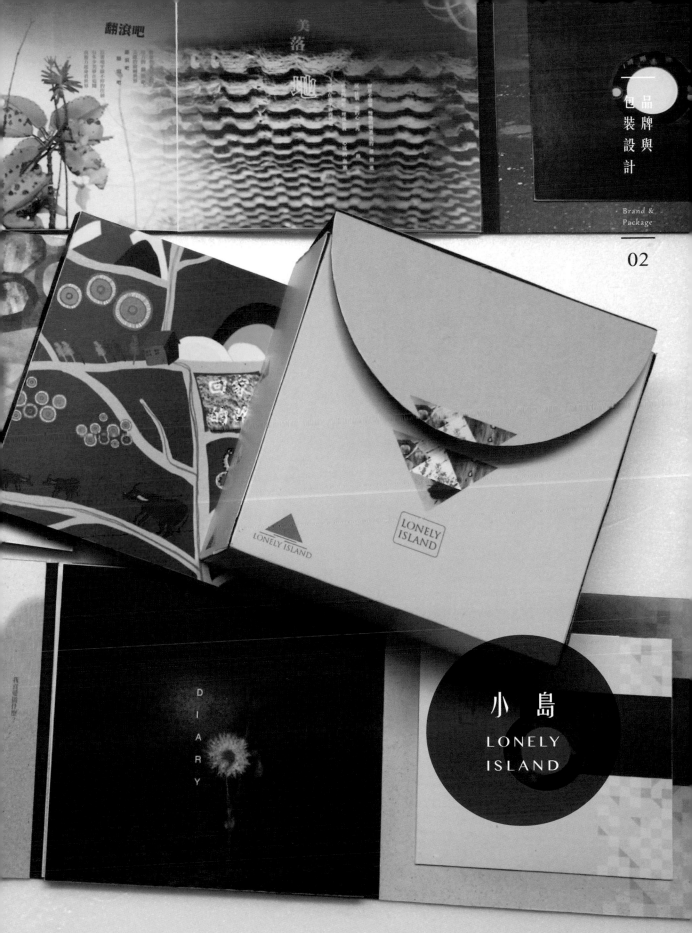

翻滾吧

美落地

品牌與
包裝設計

Brand &
Package

02

LONELY ISLAND

LONELY ISLAND

DIARY

小 島
LONELY
ISLAND

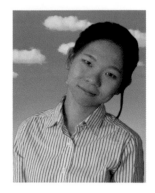

張　靜　怡
Cheng Ching Yi

浮浮沈沈的島嶼，
總是容易被遺忘。

以抽象島嶼詮釋真摯情感的
獨立音樂專輯

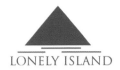

LONELY ISLAND

專題介紹　這張音樂專輯叫做，小島 -- LONELY ISLAND。

小島，顧名思義即是孤單微小的島嶼。但島嶼不是只有具象的詮釋，更是要呈現出一種情感上的孤島意象，像是容易被我們所壓抑的情緒，被現實打壓的夢想……等。

這張專輯是由五種島嶼所構築而成，分別是：自我、夢想、青春、情緒、族群。每一張專輯內容主要是透過音樂人的自身故事或歌曲內涵，以圖像呈現這五種抽象的島嶼。

為什麼它們是微小的島嶼呢？
自我 -- 我們往往活在大眾的眼光底下，忽略了自我，代表音樂人為王榆鈞；
夢想 -- 我們的夢想常常在小時候很偉大，但又有誰真正實現呢？代表音樂
　　　 人為亂彈阿翔；
青春 -- 我依然記得，在我國中的時候，覺得全世界都不懂我，代表樂團為 929；
情緒 -- 我們總是壓抑自己的情緒，但它需要一個出口，代表樂團為甜梅號；
族群 -- 原住民是長久以來最容易被忽略被犧牲的族群，代表樂團為 Message。

希望透過小島音樂專輯的詮釋，喚起我們對這些小島的一些記憶及重視。

創作理念　創作理念呼應主題生存術。臺灣，我們生存的一個小島嶼，與我們密不可分，但它只是太平洋上一個微小的島嶼，在世界各國中常常被遺忘。但是往往，這些被忽略的人事物，都有著非常良好的本質。希望透過小島音樂專輯，使大家對於一些微小的事物，多用點心。

我會選擇做音樂專輯很大一部分是源自於對獨立音樂的喜愛，而地下獨立樂團一直是臺灣音樂界不容忽視的一塊，他們的音樂豐富而充滿內涵，風格多元且題材多變有趣。希望大家欣賞專輯視覺設計之餘，也可以靜下心，仔細聆聽這些音樂人以生活為彈片，生命做弦，刷出的旋律，進而更加支持他們。

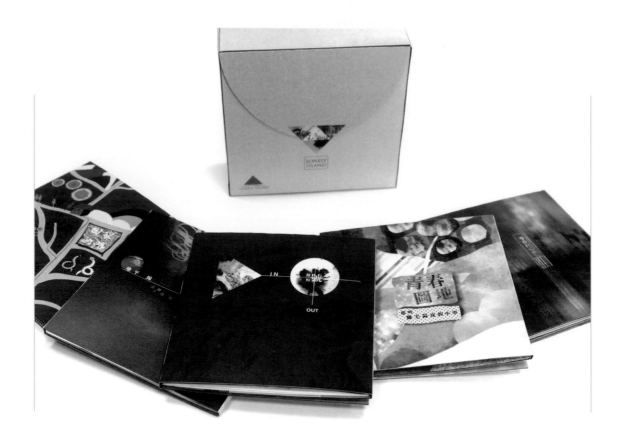

小島 -- LONELY ISLAND

這五張專輯分別用五種不同的創作手法呈現：文字層疊、拼貼、插圖、攝影、水墨，來呼應它們各自所述説的故事。

自我 -- 利用文字層疊來表現出內心一直與自我對話，嘗試找出自己的感覺；夢想 -- 利用攝影表現追求夢想時的孤單無助；青春 -- 用拼貼手法表現青春的多彩多姿及活潑可愛；情緒 -- 用水墨呈現出各種情緒的筆觸，如：快樂、焦慮、憂鬱，表達情緒的各種面向；族群 -- 以樸實拙趣的插畫，表達原住民可愛樸實的一面。

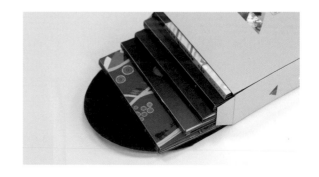

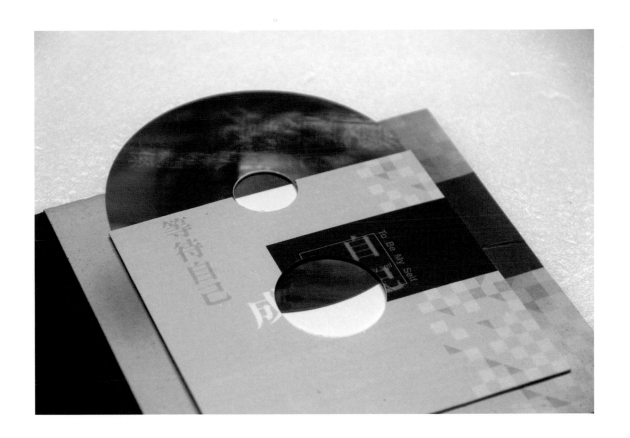

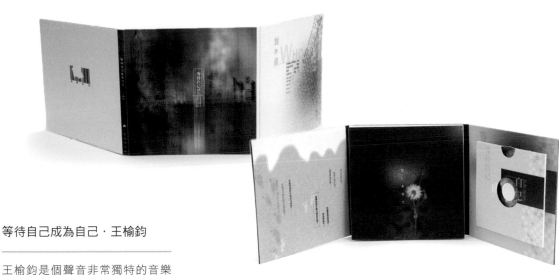

等待自己成為自己 · 王榆鈞

王榆鈞是個聲音非常獨特的音樂
人,聽她的音樂彷彿就可以感受到
她的個性、外型及情緒。我想,這
就是我們所遺忘的自我。

而自我的構成常常需要許多碰撞及
思考,所以專輯內容即利用日記來
呈現一個人如何構築自我的過程。

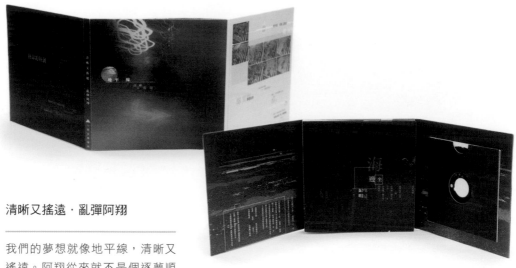

清晰又搖遠・亂彈阿翔

我們的夢想就像地平線，清晰又遙遠。阿翔從來就不是個逐夢順利的歌手，在他 2012 年榮獲最佳男歌手前，逐夢的酸甜苦辣他應該最懂。

故事內容描述追逐夢想的心情轉換，從孤單到憂愁，從狂喜到平靜。希望我們都能有勇氣去做真正想做的事。

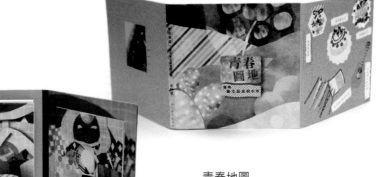

青春地圖 -
那些芝麻蒜皮的小事・929

929，一個陪伴我渡過大半青春歲月的樂團，在那時候總覺得沒有人懂，聽聽他們的歌總能得到不少安慰，我的青春，也就紀錄在他們的歌曲中了。

我們的青春，當下總覺得很了不起，但當回頭一看，也不過是一些芝麻蒜皮的小事，而透過這些小事，讓我們再次回想起很青春的那時候。

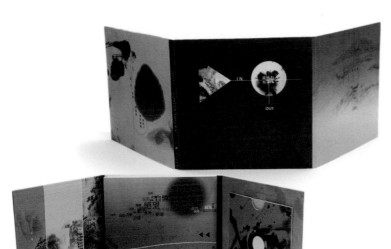

IN&OUT · 甜梅號

我們的情緒，因為某些因素、情況，總是被壓抑。其實情緒都需要一個出口，就讓我們來傾聽甜梅號，讓我們的情緒找到一個出口。

甜梅號，一個台灣的老字號後搖滾樂團，他們的音樂，總能使你爆炸之後得到釋放。

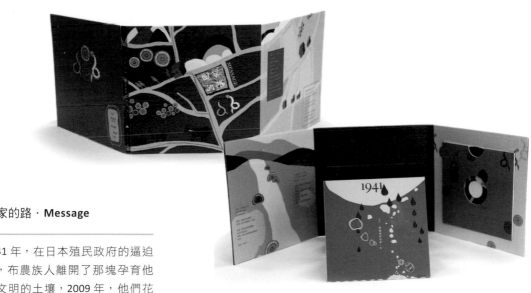

回家的路 · Message

1941 年，在日本殖民政府的逼迫下，布農族人離開了那塊孕育他們文明的土壤，2009 年，他們花了 6 天的時間翻山越嶺，終於得以回到他們成長的家。短短的一段路程，他們卻走了 68 年。

故事內容呈現布農族人們 68 年來離鄉背景的心路歷程，及最後回到故鄉的美好和單純。

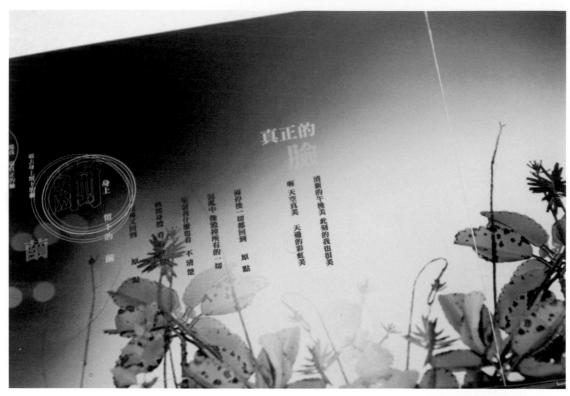

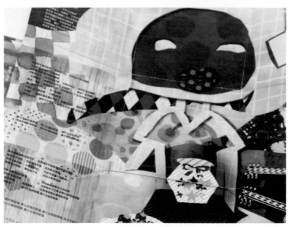

各專輯主要故事頁面

上：清晰又遙遠，這張專輯中的
部份長摺頁，敘述夢想實踐過程
的心情轉變。

中：In&Out 專輯中，敘述情緒的
故事頁，用水墨手法呈現出情緒
的入口和出口。

下：青春地圖專輯中，呈現青春
的故事頁。我們的青春，總有一
些永存在心中的片斷，這張專輯，
用這些片斷拼貼出青春的燦爛和
一些小無奈。

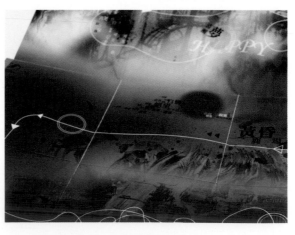

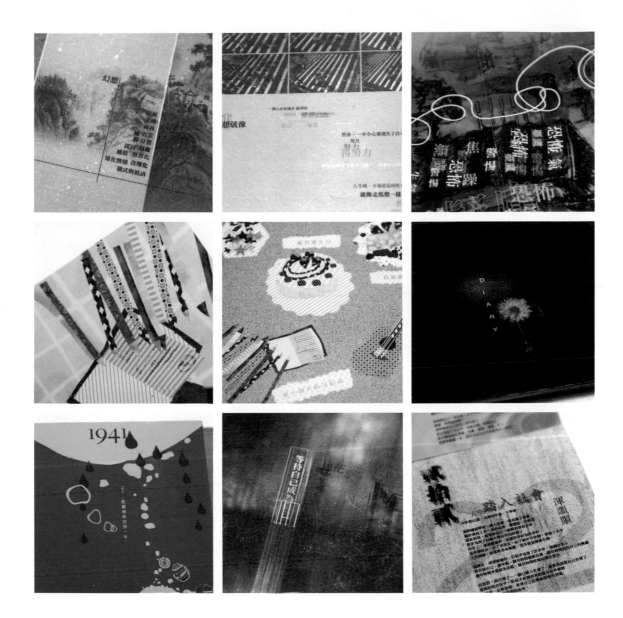

專輯細節

以上是一些專輯中細節的部份,媒材包括攝影,水墨,文字層疊、插畫、拼貼。分別呼應專輯所需呈現的感覺:攝影是表達追尋夢想的孤單;水墨呈現出人類的各種情緒;而文字層疊表現出人們自我對話的過程;插畫畫出原住民樸實的感覺;拼貼手法傳達青春的多彩多姿。

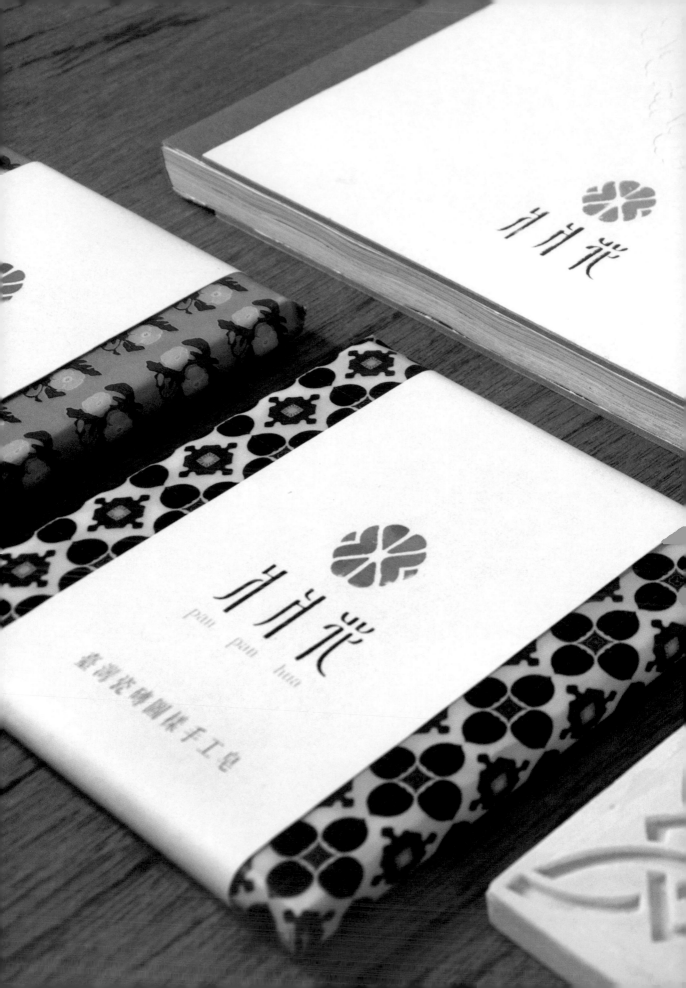

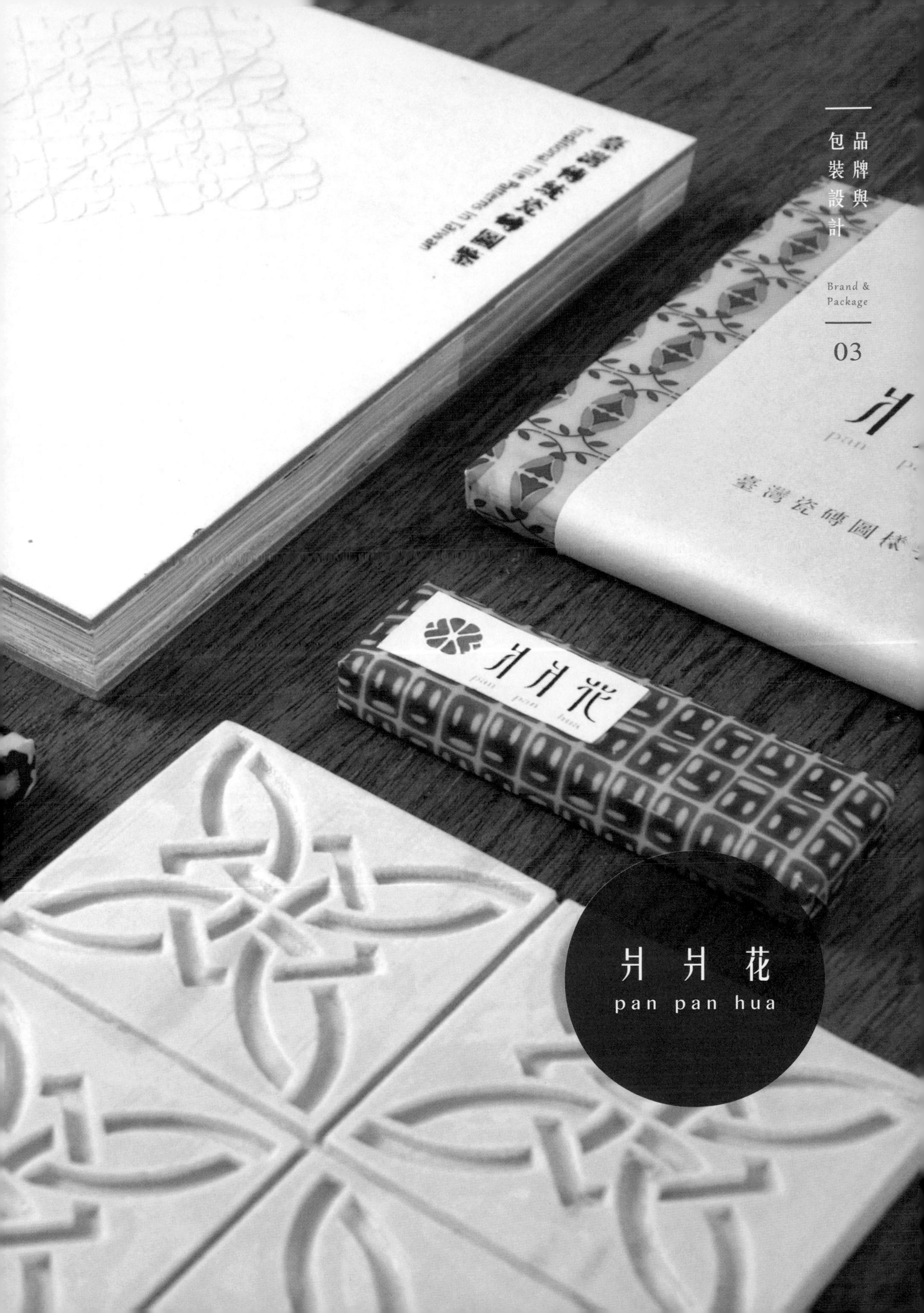

臺灣瓷磚圖樣

ㅓㅓ花
pan pan hua

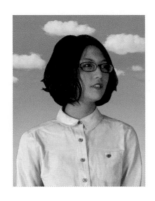 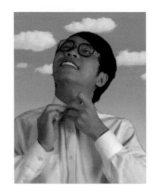

湯　晴　雯　　　　　黎　世　堯
Tang Ching Wen　　　Li Shi Yao

爿爿花，
一片片小小的瓷磚，
在牆上開了花。

臺灣傳統瓷磚圖鑑
與手工皂品牌

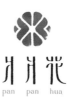

專題介紹　針對臺灣自日據時期到六〇年代的瓷磚，到各地進行蒐集拍攝，並取其瓷磚上的紋樣重新繪製上色，演變為富有臺灣特色與價值的瓷磚pattern，彙整成一本「臺灣傳統瓷磚圖鑑」。結合商品的開發，創立「爿爿花」手工皂品牌，內容包括產品禮盒、包裝紙、形象廣告，以及網站宣傳。利用品牌價值提高商品的文化性，使老瓷磚注入新生命。

創作理念　回顧臺灣的歷史，由於曾經被多個國家殖民過，因此造就多元文化以及臺灣人快速適應與接納的個性。當大家在困惑、質疑自己何謂臺灣風格的時候，我們開始解讀已存在的事物，來定義何謂臺式設計。

起初我們在台北發現了一間特別的老民宅，外觀因瓷磚的排列拼貼而顯得別緻、充滿特色。因而開始注意一些民宅的外牆，慢慢發覺其實臺灣有許多老民宅的瓷磚，是充滿特色與臺灣味的。而這些精巧的設計卻時常被人忽略，我們早已習慣了長久陪伴著老房子，歷經歲月更迭、風吹雨打的瓷磚。

藉由這次的機會，我們決定到各地蒐集富有特色的老瓷磚，重新將這些瓷磚的美麗色澤和花紋整理呈現，並利用設計以不同的形式保存於現代社會。

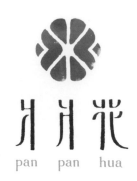

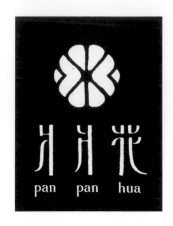

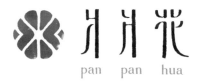

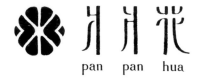

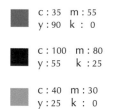

c : 35　m : 55
y : 90　k : 0

c : 100　m : 80
y : 55　　k : 25

c : 40　m : 30
y : 25　k : 0

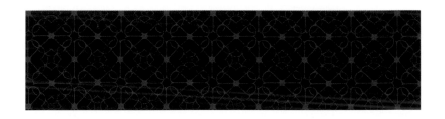

命名

爿，音「半」。
木頭劈成兩半，左半塊稱為「爿」。我們將名稱命名
為爿爿花，主要是取「牆」字的部首。讓人可以直接
聯想到牆壁上的花，也就是瓷磚所拼貼而成的圖樣。
其次，「爿」這個字與「片」形非常相近，即加強瓷
磚一片一片的意象。而「爿」的音與「瓣」相同，因
此更有片片花瓣的涵意，每片瓷磚如同花瓣一般組合
排列成美麗的花紋。爿亦有家的意涵，也加深了我們
探尋、發現一家家所擁有的獨特瓷磚拼花。

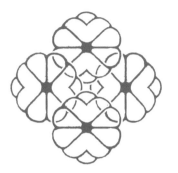

標準字應用

Logo 的輔助圖形為 Logo 線框，相互交疊而成，相同的形式應用於不同媒材上，在紙材上 Logo 用絹印的方式，以金色的質感呈現；輔助圖形用雷射雕刻，半浮雕類似印刷的質感，不同的紙材與厚度有不同的效果。

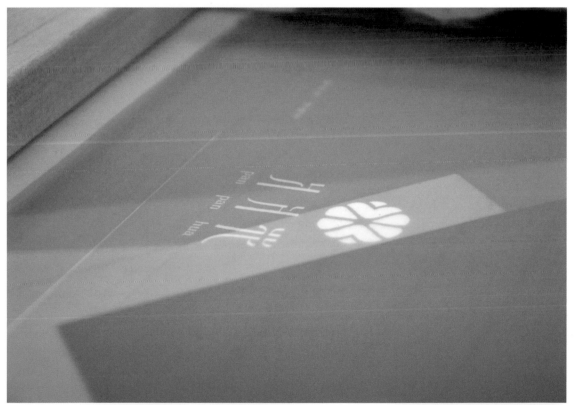

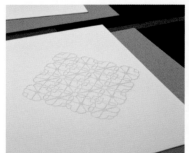

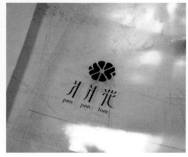

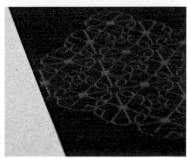

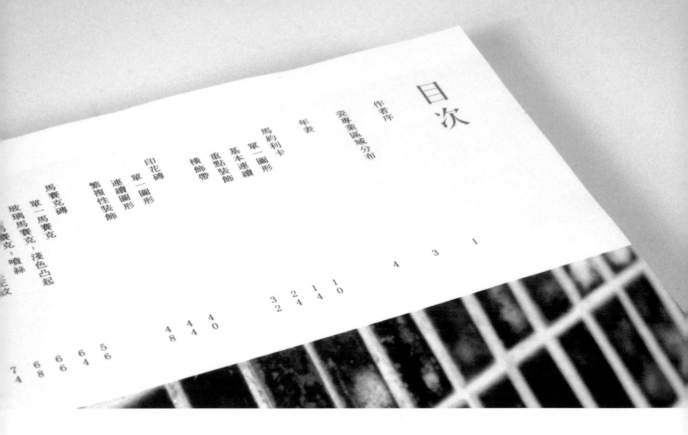

臺灣傳統瓷磚圖鑒

本書紀錄並整理臺灣自日據時期到民國 60 年代的瓷磚樣式，並著重於瓷磚本身的紋路造型與配色。

大項目以瓷磚類別區分，再以圖案造型的構成方式與質感細分，最後整理為圖鑒，使讀者能夠清楚的觀察類別之間的差異與特色。

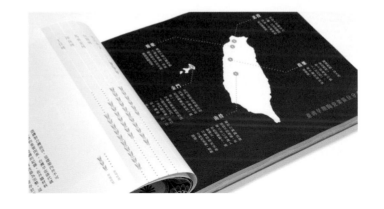

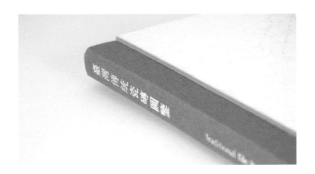

書封設計

書籍封面封底以厚卡紙雷射精雕，
書背裱貼荷蘭布，絹印書名以及
Logo 標準字。呈現兩種質感和厚
度的搭配，Logo 的金色印刷與黃
色荷蘭布相互呼應。

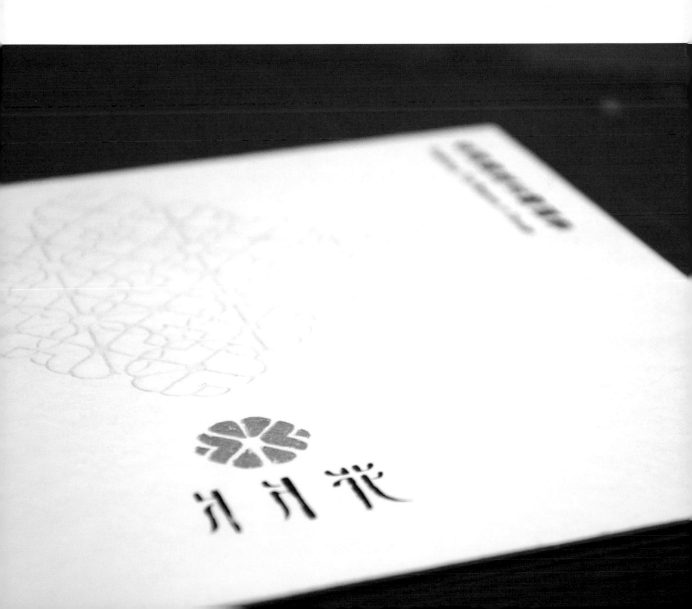

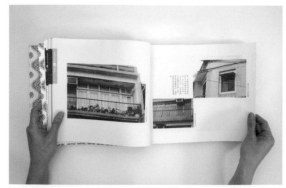
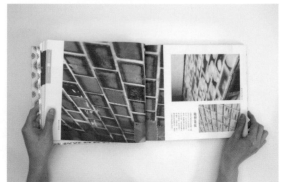
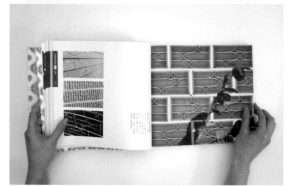
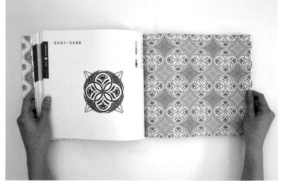
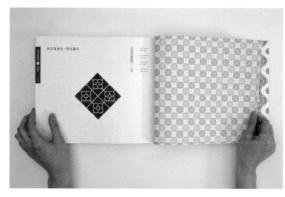
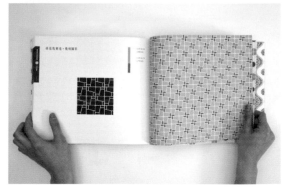

內容架構

內容主要分為兩類，一是我們到
各地蒐集拍攝的瓷磚照片；二是
重新整理繪製的瓷磚圖樣、色票。
書中以大量圖像為主，標註各處
拍攝的地區資訊，讓讀者可以追
溯瓷磚的來源。

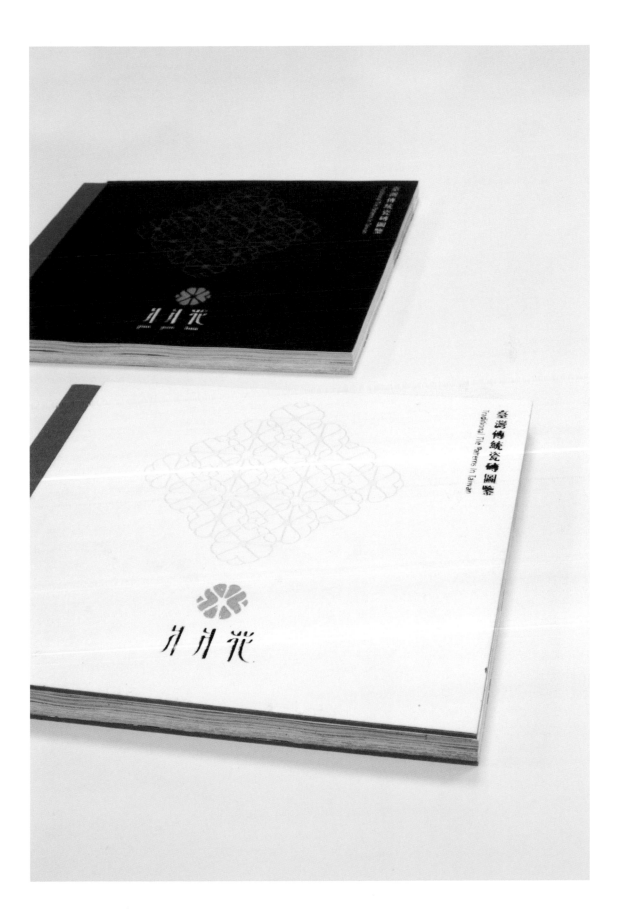

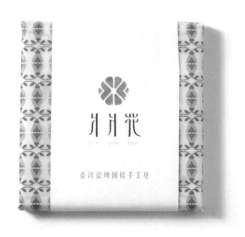

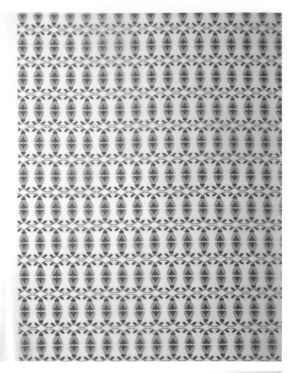

爿爿花
臺灣瓷磚圖樣手工皂

臺灣建築中使用瓷磚相當廣泛的浴廁，因肥皂的使用可與其場所相呼應而做為開發商品。

依瓷磚圖鑒開發的 pattern 中，精選出幾款成為手工皂的造型與包裝紙。肥皂塊之間做出溝槽，如瓷磚一塊塊的相黏，使用時可自行選擇使用大小扳開皂體。正面有瓷磚圖樣造型，背面有爿爿花的 Logo。

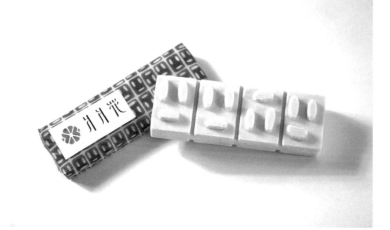

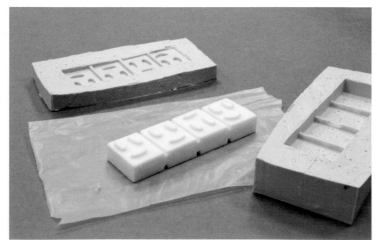

開發出馬約利卡、印花磚、丁掛磚以及馬賽克磚，三種尺寸的手工皂，使用上有更多選擇性。香味上區分為兩種：茉莉花與檜木，屬於台灣代表性的氣味，呈現出溫柔與堅毅的感覺。

手工皂的製成，外型先以 3D 建模並輸出成胚體，再用矽膠翻出外模，以上下模的方式接合，最後灌入融化的肥皂，使肥皂呈現出正反兩面不同的花紋。

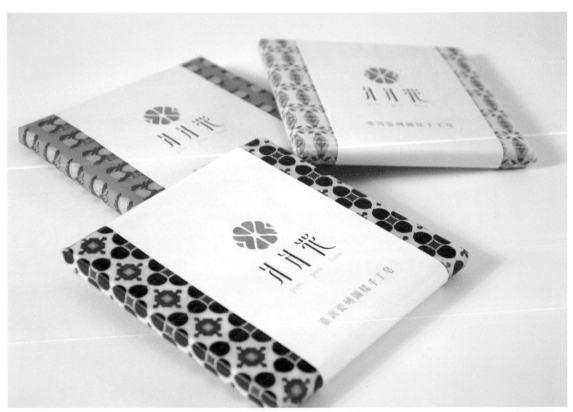

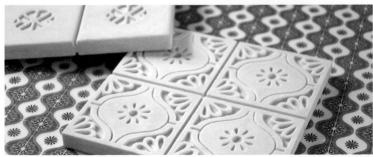

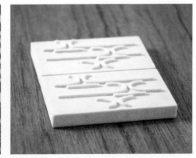

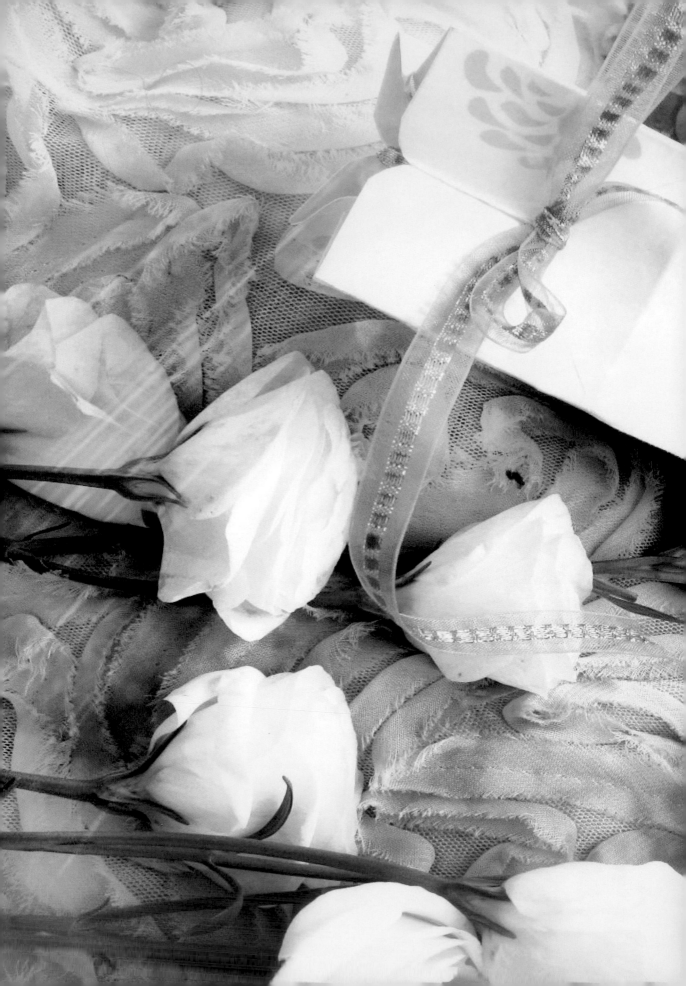

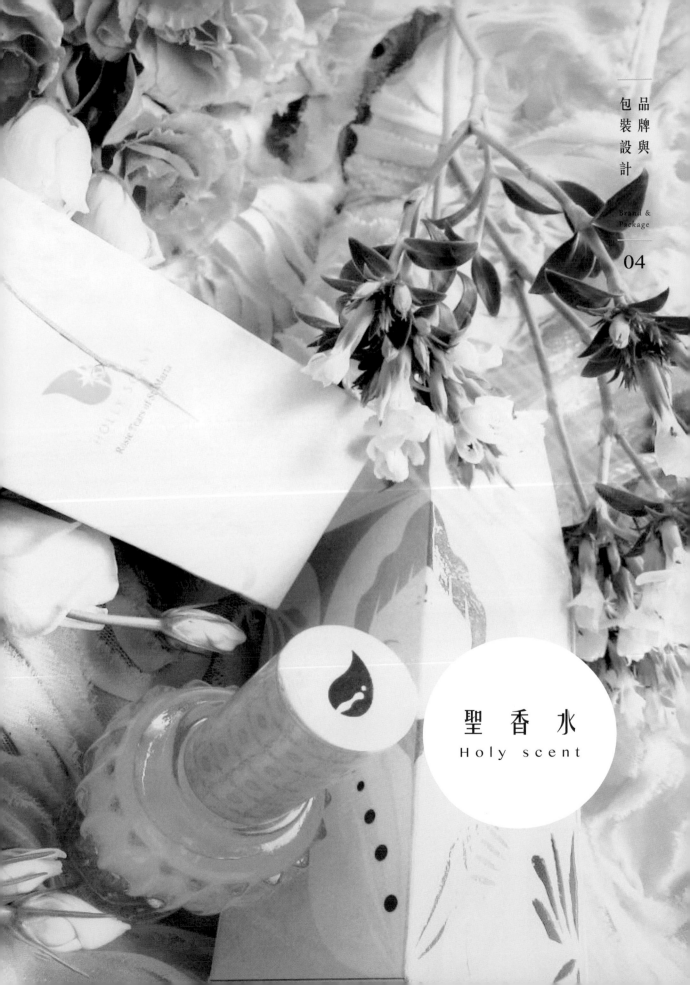

聖 香 水
Holy scent

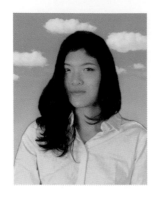

林 俐 妘
Lin Li Yun

Holy Scent，
散發光芒的氣息。

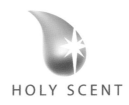

蘊涵祝福與理想的
香水品牌

HOLY SCENT

專題介紹　Holy Scent 為香水品牌，是蘊涵祝福與理想的香水。藉由東西方宗教文化的撞擊，找到自己心之所向，並且與東西方香氛做出融合。聖香水為原臺灣創品牌，品牌印象潔淨簡約，清新自然，期望能運用多彩的顏色打造活潑自在的氛圍。

　　專題內容包括自行調製的香水、包裝設計，以及品牌識別設計等。藉由品牌經營的流程，志在打造一套完整的視覺識別系統，完整品牌之理念：「散發光芒的氣息」。專題分三個系列：聖境香氛系列，強調東西方對於理想世界的不同的想望；聖女系列，東西方對於女神的典型分別有不同的態度；還有愛神系列，表達東西方對愛情不同的態度與人生觀。

創作理念　氣味有千種面貌，氣味也是事物存在的證據。探尋氣味是一種本能，是人生存的方式。我們活在氣味當中，也在氣味中，找尋自己的味道，找尋自己的信念。什麼樣的味道能詮釋我呢？我是怎麼樣的人呢？我要選擇什麼樣的面目、什麼樣的味道示人呢？選擇的過程中，就能更清楚地看到本質，不再是若有似無的存在的個體。

　　Holy Scent 是用 Holy Water，也就是聖水作為發想。想到是不是只有祝福是誰能給予呢？如果聖水是用水作為祝福的載體，而香氛能代表一個意念跟存在，如果讓祝福擁有水的載體，也有氣味的存在感，祝福就有了同在的概念。在享受祝福的同時，感受到祝福的芳香。

　　使用東方與西方的香調，讓東方、西方文化衝撞出不同的火花。聖香水志在使人在香氣裡得到祝福與提升，在不同的香調裡，找尋自己的信仰，勇敢的追求自己的心之所向。

品牌架構

聖香水下設有三系列，分別為聖境香氛系列、聖女系列、愛神系列。聖境香氛系列強調東西方對於理想世界的創造態度，一是桃花源的安居樂業、二是理想國的積極思辨；有聖女系列，東西方對於女性不同的看見，還有內心世界的尊崇；還有愛神系列，距離的唯美與火熱的浪漫。

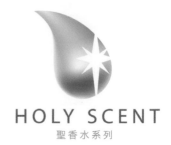

品牌 Logo

Logo 結合聖香水系列中水滴與宗教光明之意象，有追求幸福與幸運的寓意。光圈環繞帶領人們找尋正向守護的祝福力量。

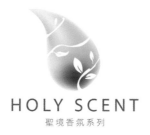

飽含植物與大地色系，懷抱共生共榮的盼望，對於理想國度的渴望。

紫色與紅色的迷幻，女性的溫柔美好，謙和寧靜的美麗姿態，盡收香水水滴中。

香水水珠被象徵愛的愛心圖騰層層包覆，顏色柔潤多彩，象徵愛戀的幸福與香水香氛緊緊相依。

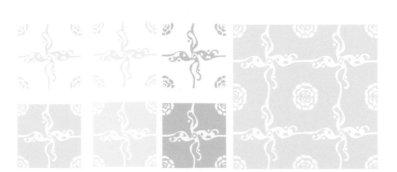

輔助圖形

Logo 水滴的變化，參考東方窗花形貌。融合成為東方變形蟲與西方的十架造型，內元素包含東方的鳳眼、變形蟲，西方的植物花卉與十架。

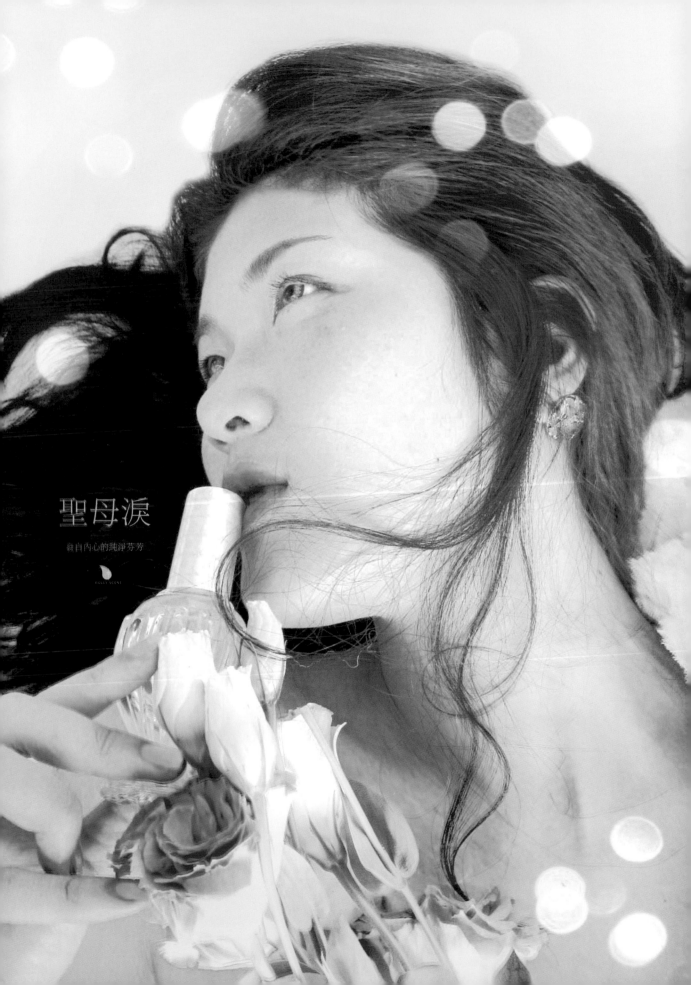

聖母淚

發自內心的純淨芬芳

HOLLY SCENT

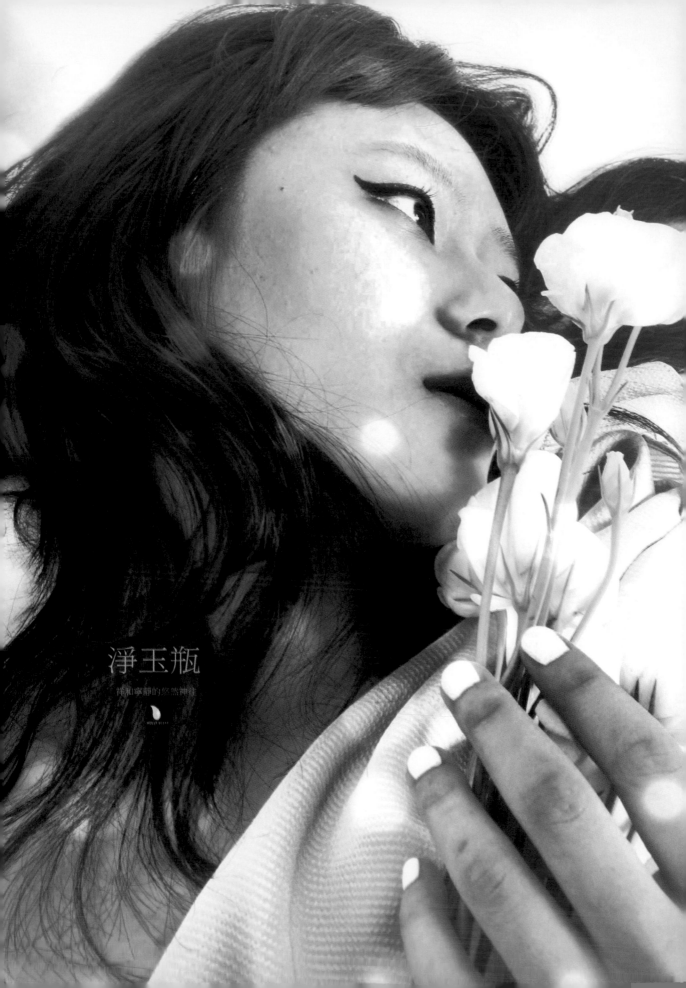

淨玉瓶

祥和寧靜的悠然神往

品牌形象廣告

聖母淚

媒材：攝影

模特兒：林俐妘

聖母的眼神素雅淡然，面容真摯，手執茶花凝望遠方，馨香芬芳由心而發。

淨玉瓶

媒材：攝影

模特兒：許宜婷

綠色帶點東方意象，觀音手執白桔梗品味馨香，象徵純潔無求的凝望，祥和寧靜的悠然。想望。

香水調製

聖母淚

前味：保加力亞玫瑰｜後味：百合

融化在玫瑰花間的嫩紅，轉瞬間，含苞待放。
眼淚沒有聲音，她的淚滴綻放人心，絲絲入扣，縷縷帶香。

愛神箭

前味：牡丹｜後味：木質香

她唇盼的微彎，我們四目相交的瞬間，讓中箭淪陷。
她的倒影映在心盼，蜷縮成了一個結，結的中心滲出蜜來。

淨玉瓶

前味：竹香｜後味：檀木

澆熄功名利祿的惱熱，她含笑，嬈指把淨玉瓶身一傾。
葉上的水珠澄澈透明，能擁有的單純平靜，原來如此相近。

喜鵲橋

前味：桃木｜後味：木質香

為了一年一度的相聚，千萬隻喜鵲搭起橋梁，連成一線，織的布匹斷了線，牛也不知上哪去。
那別後的話沒能出口，轉身，任星語傳思情，叨叨絮絮。

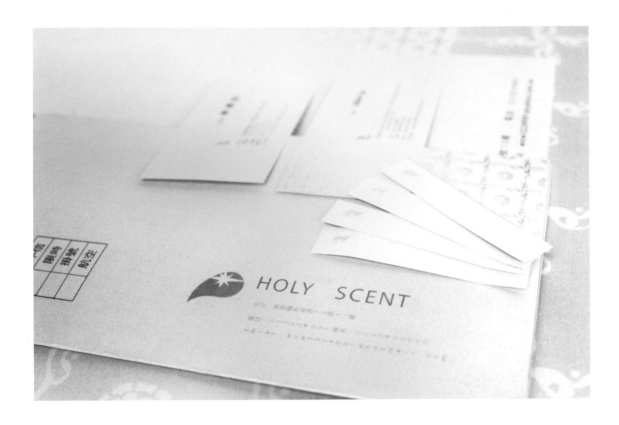

文件規劃

名片、紙袋、香味試紙、信封信紙。

名片：晶鑽紙，尺寸：5cmx9cm
紙袋：絲帶、道林紙，
　　　尺寸：10cmx15mx20cm
香味試紙：尺寸：7x1cm
信封：尺寸：12cmx24cm
信紙：尺寸：A4。

聖女系列包裝

包含玫瑰香氣的聖女馬利亞與竹
林香氣的觀世音菩薩兩支香水。
味道清新宜人。包裝使用花卉元
素（茶花與蓮花）以及人物。包
裝與瓶身相呼應，結構如花向上
伸展。

雲彩紙，絲帶，
尺寸：5cmx5cmx16cm

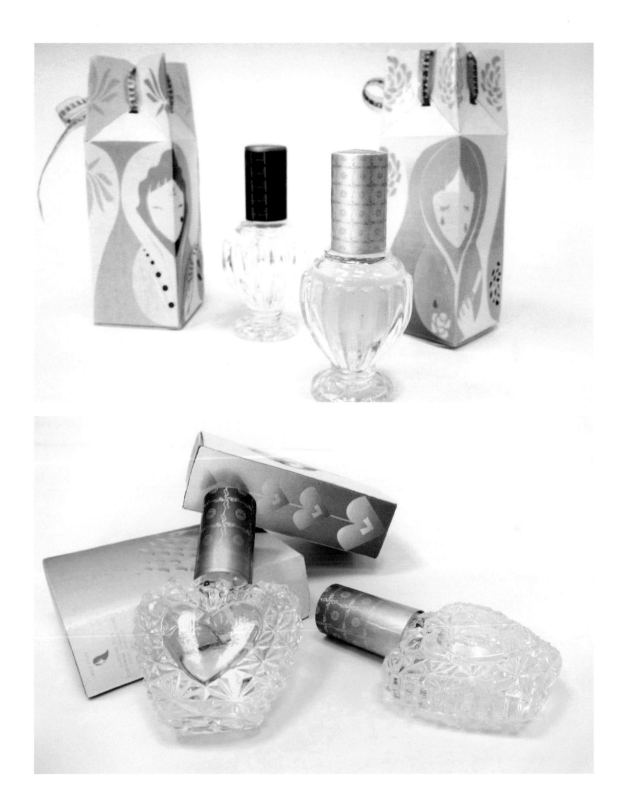

愛神系列包裝

包含有牡丹香氣的愛神箭以及桃
木香氣的七夕橋兩支香水

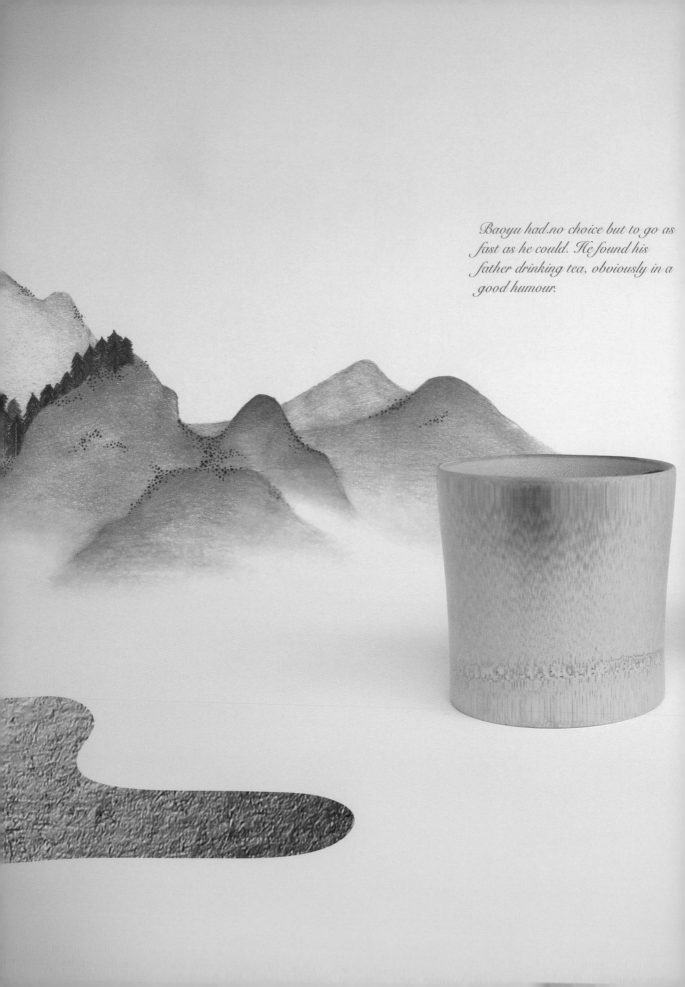

Baoyu had no choice but to go as
fast as he could. He found his
father drinking tea, obviously in a
good humour.

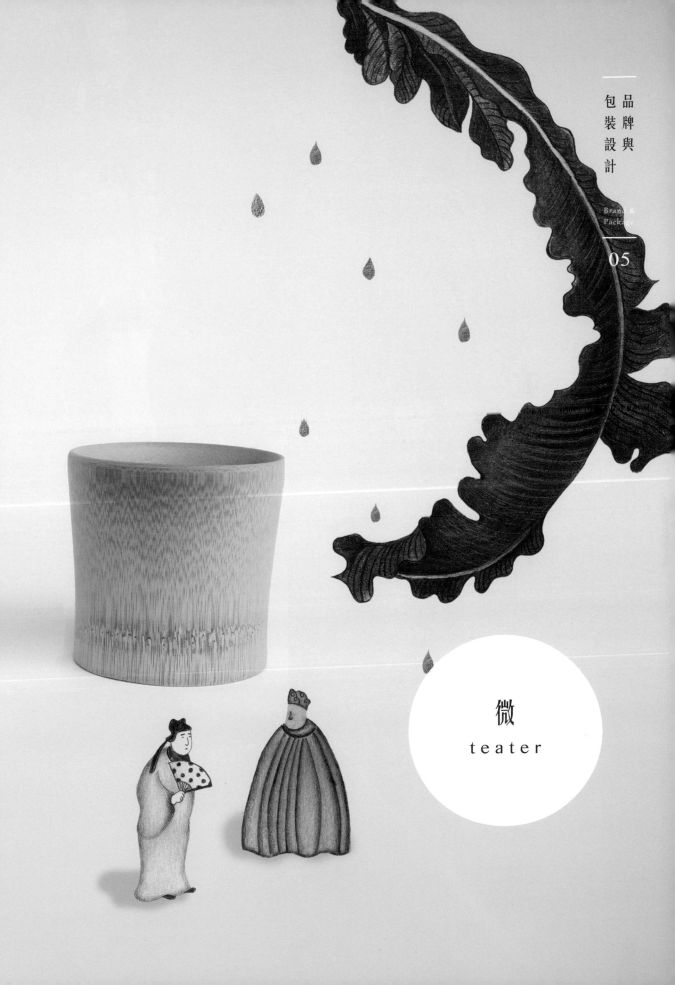

微
teater

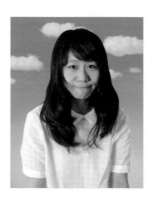

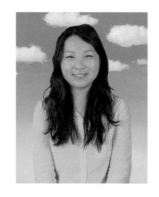

高　千　雅
Kao Chien Ya

陳　惠　喬
Chen Hui Chiao

Wonderous · Dreamy · Elegant
穿越一扇扇夢的窗
喚醒味蕾微感覺
每一口茶都是 微 享 樂

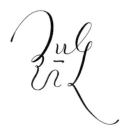

品茶享樂
充滿精彩故事的茶品牌

專題介紹　{ 微 } 不僅是形容詞，也是極小的量詞 μ，取名 { 微 } 試圖喚醒人們生活最細微的感動，茶與戲曲皆是文化的縮影，喝茶不僅止於品味，更蘊含各樣的人生滋味，結合充滿人生故事、可寄託情感與幻想的中國傳統戲曲，以舌尖上的旅遊、穿越夢境的概念，展現精彩的品茶小劇場。

以茶悟道，以茶明天機，以茶悟自然；茶文化因此廣泛流行於販夫走卒，乃至於達官貴人之間。在大自然環境中，品泉煮茶，觀雲聽籟，寄情於山水，正是茶文化優美與迷人之處。由於茶的鼓舞和慰藉，不少精湛的思想與偉大的作品得以產生。如此具深厚文化內涵的茶文化，以及同樣深具文化內涵，富有想像空間，可寄情、可細細品味的中國傳統戲曲不謀而合，因而採用兩者特性創作出故事性的茶包裝。

創作理念　中國的梨園文化，與品茶有著密不可分的關係，文人雅士總愛在欣賞戲曲的同時品嚐一盅好茶，而中國戲曲舞台上的留白之美，正如同茶的後韻一般，入喉以後，才回甘於舌尖；道家隱士甚至在品茶中悟出空虛無為的哲理。水瓶空虛了自己，因而能滿盈各種液體；表面看來無能無用的，卻能「為無為，事無事」，能包含一切，反而是全能的。香藏味中，空濛深永，啜之愈出，致在有無之外，即是茶的空靈之美。茶與戲曲一樣，是具體而微的小宇宙，是中國文化的縮影。

市面上有許多茶葉品牌，但能夠真正表現出品茶的文化意義之茶葉品牌並不常見。我們相信有故事性的茶葉包裝，更能表現出自古以來上自帝皇、文人雅士，下至一般百姓與茶文化密不可分的點點滴滴，讓品茶不再只是品茶，而是就像品嚐人生滋味一般，成為人們感情交流的媒介。

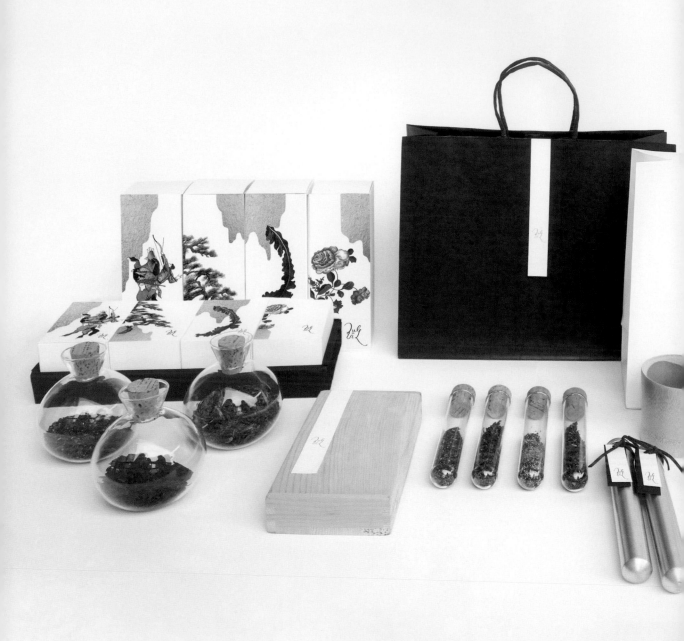

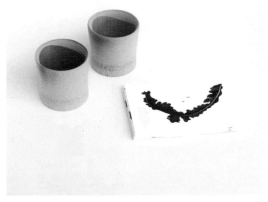

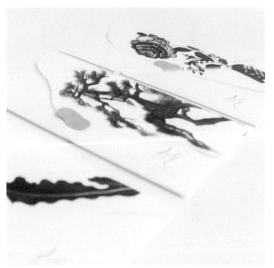

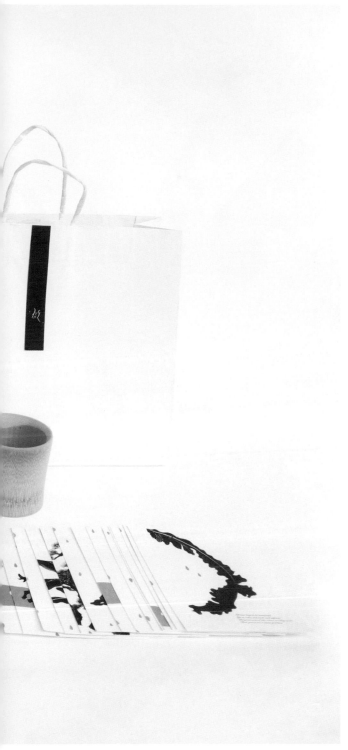

微　teater

系列作品照，包含不同容量的茶
包裝、禮盒組、提袋，完整的視
覺形象呈現。

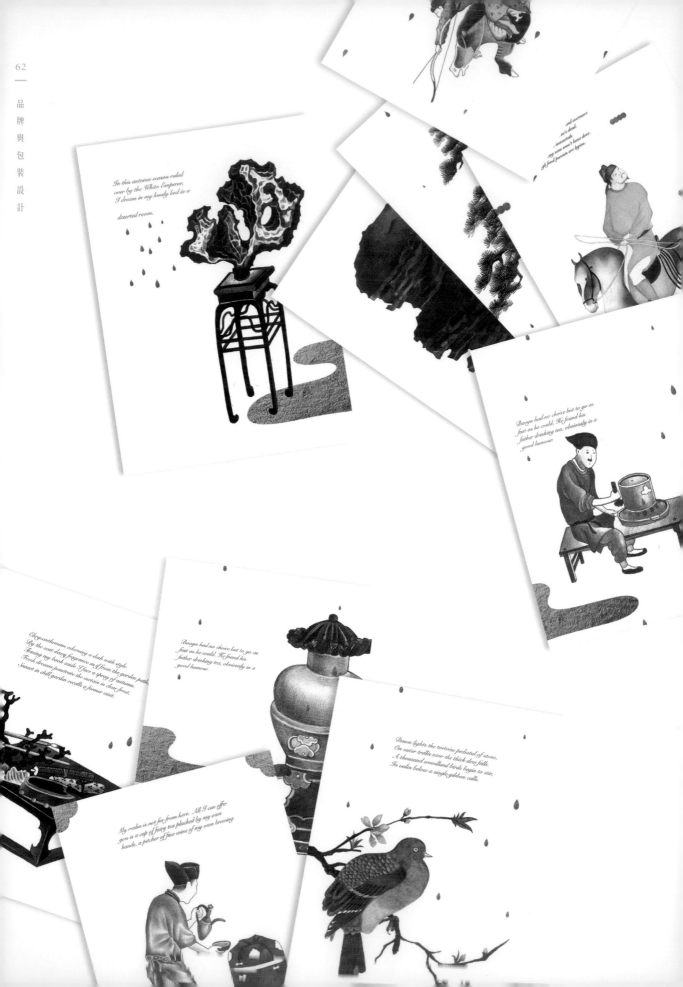

茶的空間

中國戲曲的舞台設計,道具少,
以象徵手法帶給人純粹的想像空
間。以虛為實,使得表演可以超
越單一時空的發展。品牌開發「故
事性」的茶葉,如同戲曲帶領觀
眾進入另一個世界一樣,帶領著
飲茶者進入不同的故事。

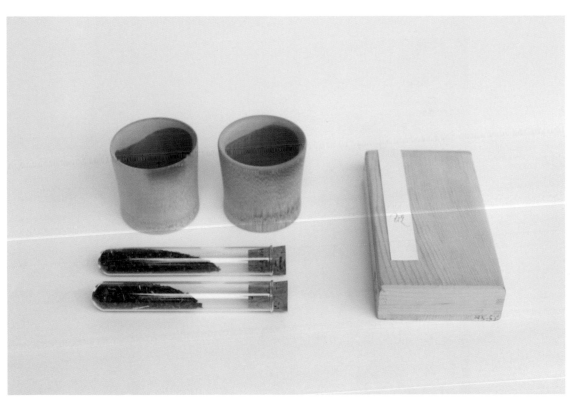

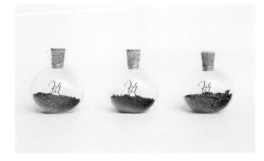

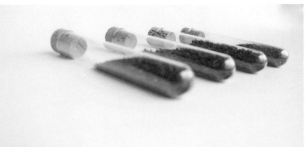

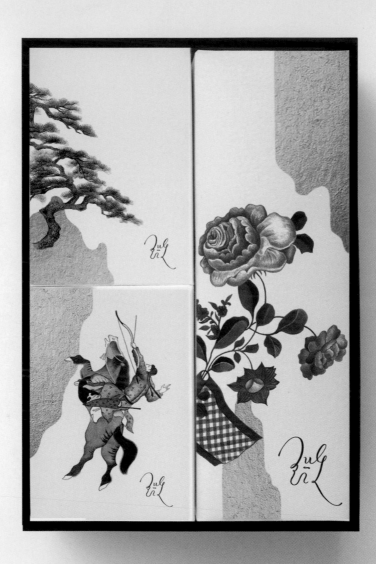

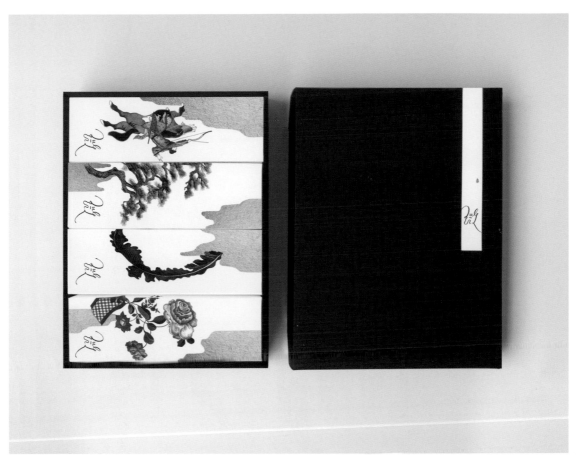

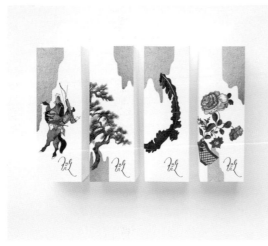
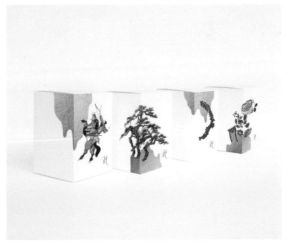

四種茶品

· 日靜紅妝 -- 涵山紅茶
　晚霞映在杯中的那一抹紅　妝點了時光　妝點了心頭

· 馥香金陵 -- 金軒烏龍
　一嗅清香　一品春和暖景　彷彿攬住如縷的夢

· 普澤昭義 -- 普洱古茶
　笑談天地悲歡　多少人間離合　冷暖腹中

· 雲湧禹嶺 -- 大禹嶺茶
　山河交響起磅礴氣魄　風起雲湧　賞味古今

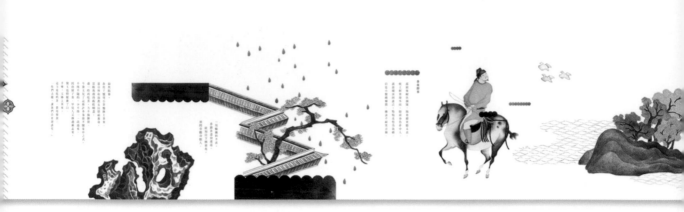

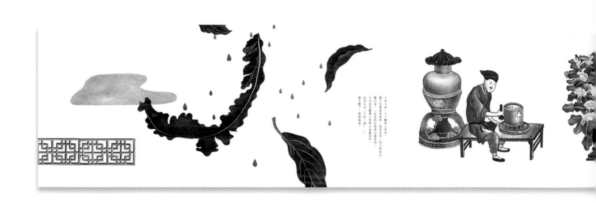

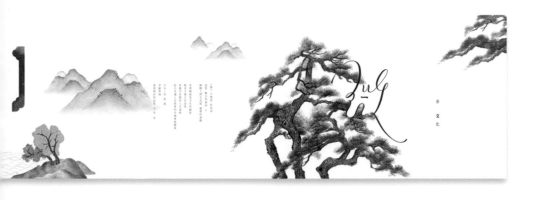

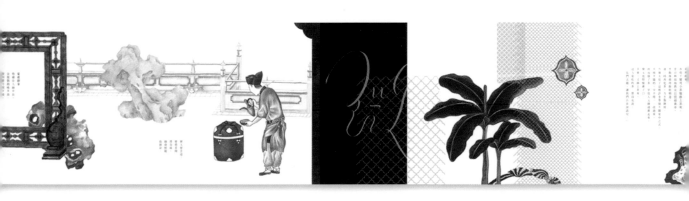

捲軸

古時候看捲軸時，一邊拉開一邊
看到引人入勝的故事，喝茶也是，
一開始碰到舌尖的味道，到了喉
嚨又是另一種味道，入腹之後，
還會在舌尖上回甘出另一種香味。
用捲軸來詮釋喝茶的滋味，就像看
一場戲一般，起承轉合全都包含。

書籍裝幀設計
Book Design

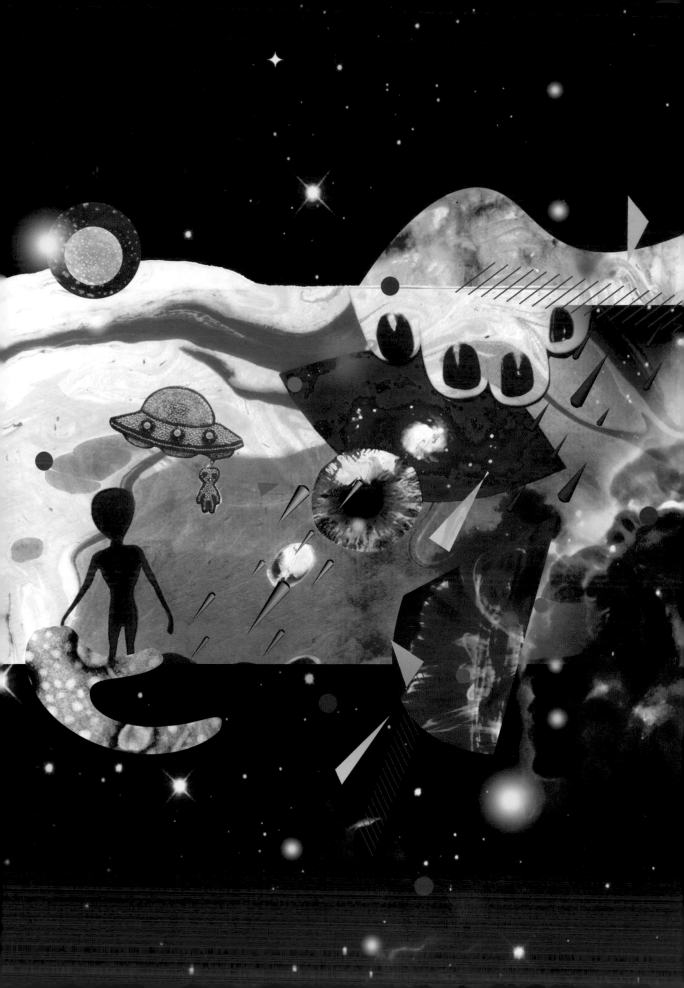

末 日 記

THE END

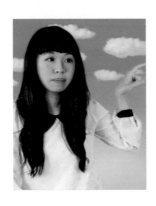 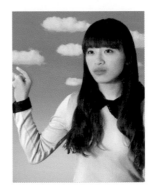

潘　欣　苡
Pan　Hsin　Yi

吳　亭　葶
Wu　Ting　Ting

末日不死，只是徘徊。

傾聽最真實的願望
一本陪你渡過世界末日的書

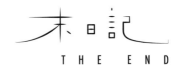

專題介紹　世界末日來了又去，去了又來，你可能恐慌，可能漠然，在預言與預言之間，你或許獨自戰鬥，也或許渴望陪伴。《THE END 末日記》，是一本陪你渡過每個世界末日的紀念書。

書中共分四個單元：機會、願望、結束、新生。每一個單元都讓你細細思考，人生中的各個片段。末日喚醒了什麼，改變了什麼，觸及你心中哪個不可退讓的部份，這一切發酵的過程，都使末日不再只是末日。他讓你睜大眼睛，審視人生這面鏡子，末日，該是這樣深刻的存在。聽見末日的腳步聲後，你可以把這本末日記放在床頭櫃上，或客廳桌前，每一個偷閒的卜ㄟ，再傾聽　次，再凝視一次。因為，末日的影子不會散去，只是悄悄徘徊。

創作理念　末日，一向是個既嚴肅又幽默的話題，似乎信也不對，不信也不對。當我們打定主意一笑置之的同時，又會猛然驚覺：「不對，這可是嚴重的世界性問題呢，要是真的發生了，該怎麼辦？」這是一場輸不起的賭局，因為我們不知道自己有多少籌碼。

正因為這信與不信的不確定性，所以末日議題能被輕易的炒作。末日可以作為引子，開啟知識性的好奇；也可以作為商業手法，趣味行銷；甚至有教派製造恐慌，藉機斂財。從末日身上，每個人都能沾到一點邊，獲得一點什麼。所以我們想，既然已經擁有這樣高度的關注，何不讓人們真正的冷靜下來，趁機想一想末日是怎麼回事，自己的人生又是怎麼回事？可以從科學層面來探討，也可以從感性層面來思考，這原本就是個多面向的議題，也是屬於全人類的課題。在末日之下，我們能用什麼方法，引導人們去思考？於是，答案，就是這本《THE END 末日記》。

既然趕上了這場盛大的末日祭典，在畢業以前，就讓我們用這個世界的結束，作為這段日子的結束。

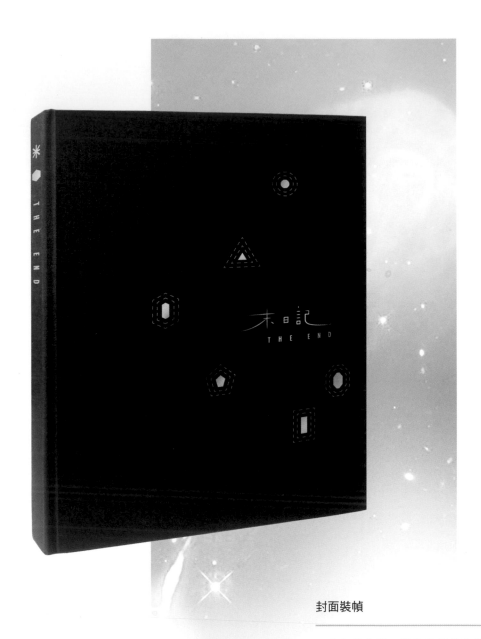

封面裝幀

一本末日之書,該有什麼樣的面貌?它需要耐讀、耐翻,具有細緻的手感,還需要厚實的裝幀,用以珍藏。深藍色絲絨棉布,燙上眩目的銀,就像在深藍宇宙中閃爍的銀色光芒。

單元跨頁

說到末日，就會想到宇宙，以及
地球的誕生與毀滅。四個單元的
分隔頁用不同紙材，營造層次感。
將行星、隕石、月亮及島嶼的圖
案，印在法國粉彩紙上，再用印
有輪廓的透明片，覆蓋住金銀色
塊。象徵越過無數行星、隕石後，
終於看見末日的本質。

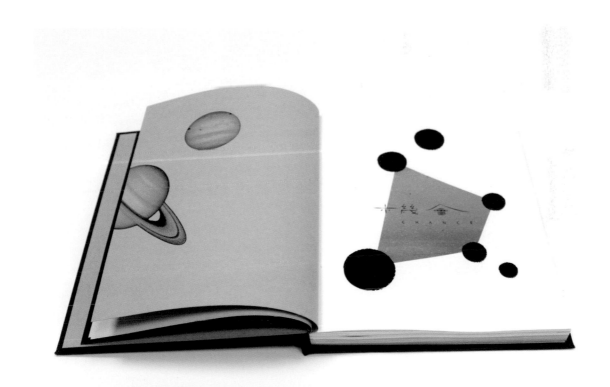

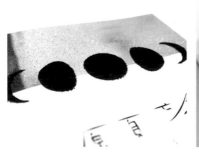
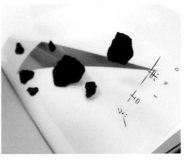
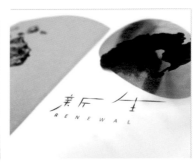

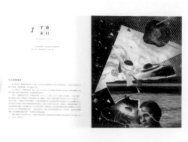
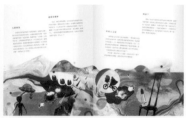
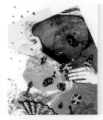

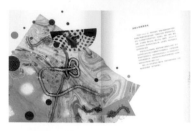
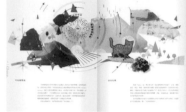
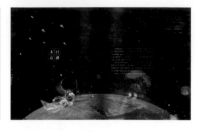

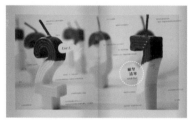
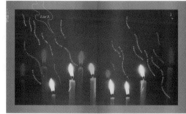
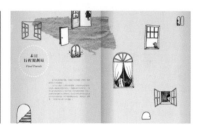

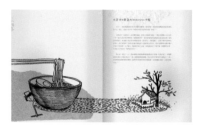
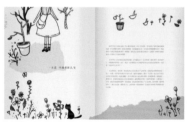
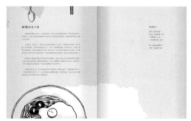

I & II 機會與願望

面對末日，你需要搞懂的東西很多。首先兩個單元，是談論這兩件事：機會，為你詳述世界末日的各種可能；願望，想想你人生中真正渴望的人事物。你看清楚了嗎，又想清楚了嗎？還有精彩的遊戲盤，帶你走一趟人生。

這是一個讓你體驗人生的遊戲。

走到你經歷過的事，可以稍稍懷念一下；遇到還未經歷的
事，就想像一下。遊戲中所有的指令都要確實執行，切記，
人生有很多事是不能逃避的，要走到終點沒那麼簡單噢。

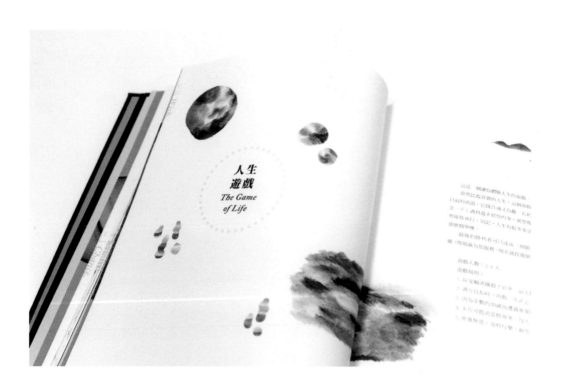

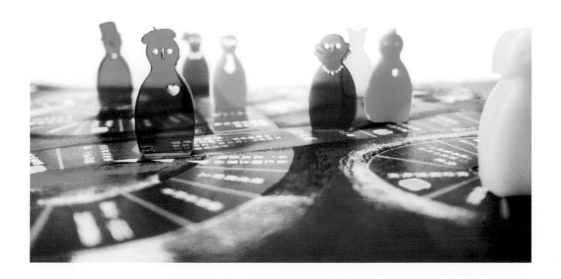

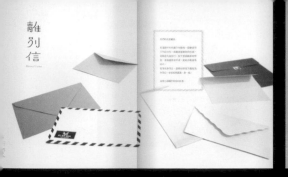

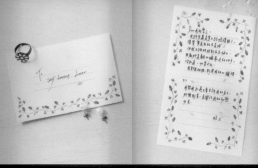

親愛的心臟與角膜：

雖然沒有 **Dear John**，但這的的確確是封分手信。我不
在乎你未來的情人是男是女，是老是幼，只願你們有最
美的羅曼史，有了你們的愛，也許一個小男孩有機會長
大成為一位父親；也許一個女人能終於看見穿著婚紗的
自己；也許某位母親將不會錯過孩子的畢業典禮；也許
他終於能*印證*天空和他想像中是否一樣藍……
因為我們的分手，創造了更多羅曼史的可能。

by 前任情人

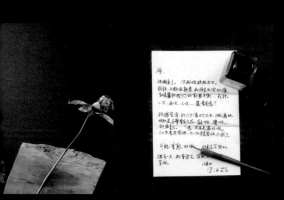

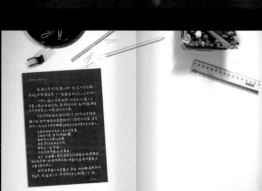

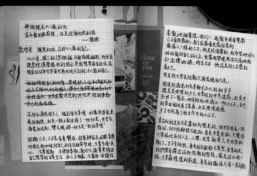

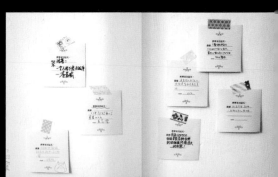

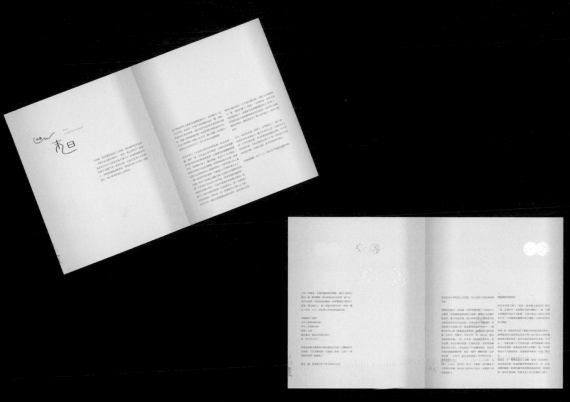

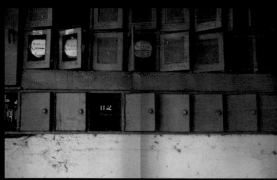

III & IV 結束與新生

隨著末日的逼近，心情也將轉趨
沈澱。結束，好好的道別，迎接
世界的最後一天；新生，渡過了
末日，懷著倖存的喜悅重新開始。
這裡還收錄了離別信、末日留言、
小說、日記等單元。

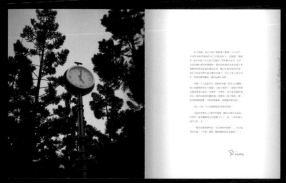

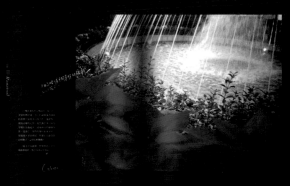

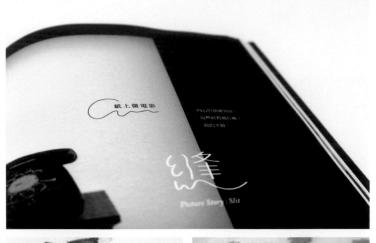

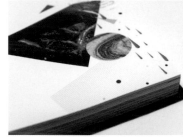
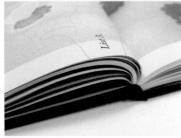

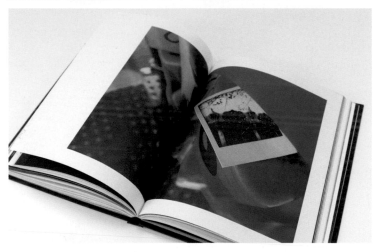

原來存在感是那樣的一回事，不論他是否痛苦，至少他就在
你伸手可及的地方，呼吸著一樣的空氣，那樣的存在就具備
了幸福的材料，不管拼不拼得出所謂真正的幸福，但是滿足
了最簡單的存在，那是一種巨大的安心感，無可替代的那種。

渡過末日

這是別人的故事，也是你的故事。
厚厚的書冊裡，每個人都可以找到
自己的情緒，自己的方式，來渡
過末日。這也是末日記一書希望
帶給你的。世界末日到底是什麼？
讀過末日記，你應該會有恐懼或
嘲笑以外的答案。

*Don't worry about the world
coming to an end today. It is already
tomorrow in Australia.
― Charles Schulz*

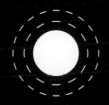

別擔心今天是世界末日，
此刻的澳洲已經是明天。

―查爾斯・舒茲
《花生家族史努比》作者

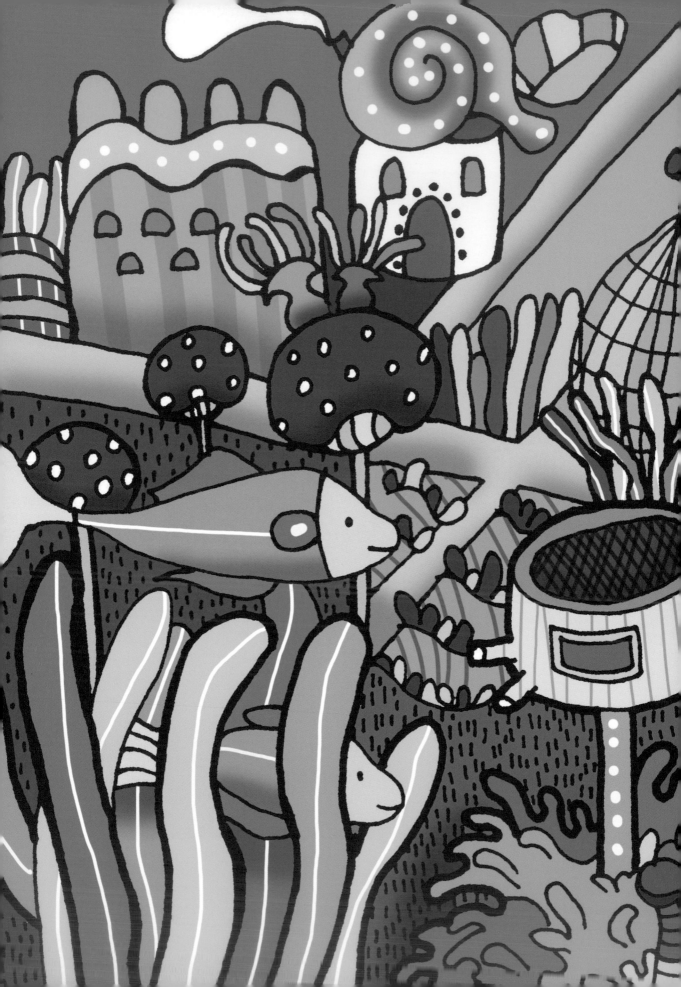

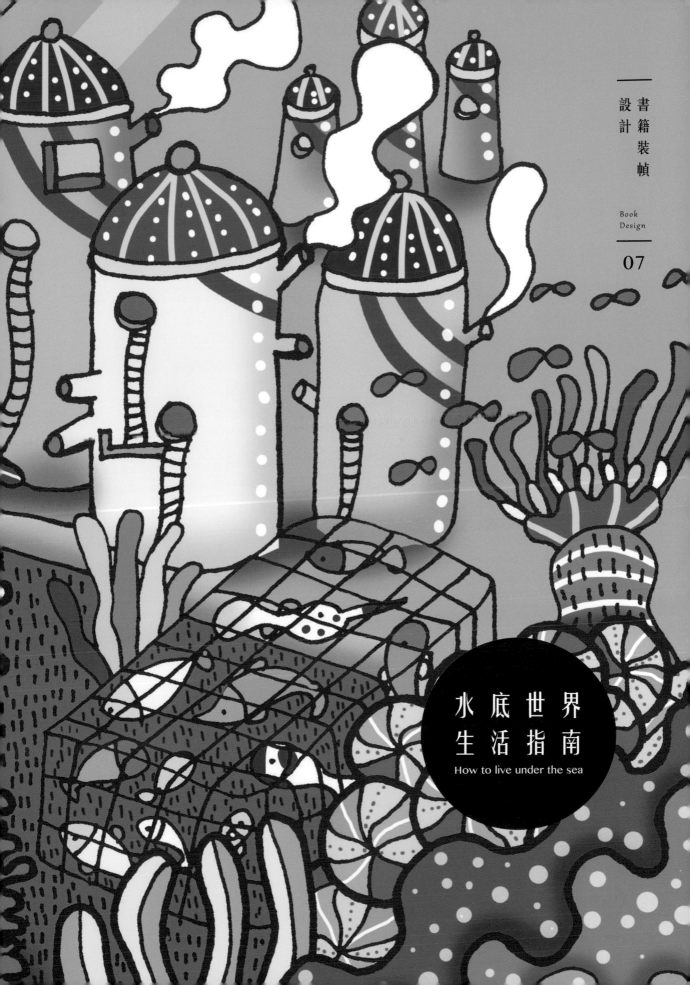

水底世界
生活指南
How to live under the sea

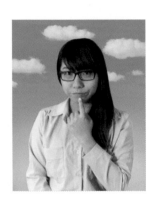

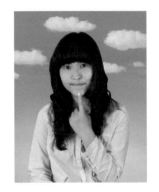

黃 浥 昀
Huang I Yun

陳 怡 珊
Chen I Shan

獻給淹沒日後的所有胚胎：
你們所沒有看過的
山、森林和天空
和一切的一切，
都毀在我們手上了。

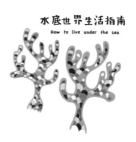

後世界的未來假想
一本幫你穿梭水底世界的工具書

專題介紹　「水底世界生活指南」為一本圖文小說，故事背景設定在一假想未來世界，那時的人因各種天災以及人禍而不得不遷居水中。我們以文字小說為基底，搭配著豐富的插圖，創造出一本屬於那個時代的工具書。
以生活指南的形式，從遷居水中前的歷史開始講起，再進而由食、衣、住、行、育、樂等各種生活基本層面，全面性的分析以及指導人們，該如何在水底下生活，以及一切在水底生活的注意事項。作品將以書籍的方式呈現，屆時將會有一本最主要的指南手冊，以及搭配指南手冊的各類衍生商品，如著色簿、明信片，以及有聲書等。

創作理念　「水底世界生活指南」以圖文小說的方式，創造出一本屬於未來某個假想時代的工具書。以現在的眼光來說，乍看之下可能會覺得荒唐，但實際上，在未來，這些事也不無可能發生。

我們的觀點分為現實以及隱喻兩面，現實方面，表現出世界上真正發生的事實 - 海平面上升、環境污染。讓人可感受到警示意味，同時也諷刺了工業以及科技的過度發展到最後毀掉了我們自己。而隱喻方面，則暗示了人性的虛偽以及世上一切的惡事，就讓人像是置身於水中一般的難以呼吸。

並且，我們利用對於「後世界」的想像，表達人們的避世心態；或許我們都渴望著一個全新的世界，一個比現在更美好的世界。

整體概念

封面標題採用手寫字加上藍色之
燙金；內頁之分類頁皆插入描圖
紙，並印上各分類之代表圖樣，
可製造出朦朧的水中感，也可利
用材質的區隔來清楚分辨各個不
同章節。

為了營造出在水中的整體感，採
用三邊書口刷色的方式來呈現。

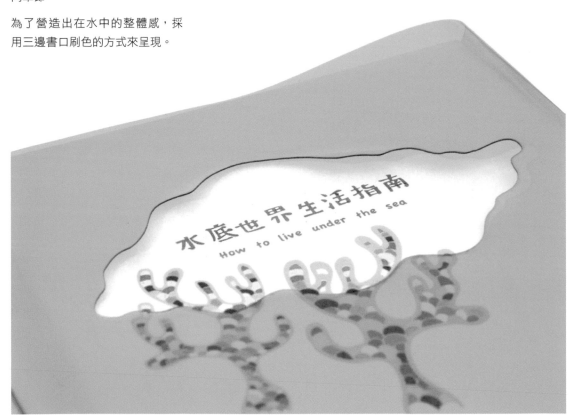

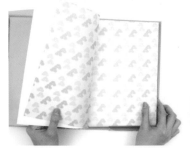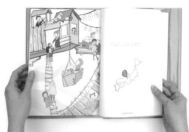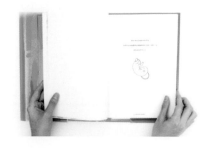

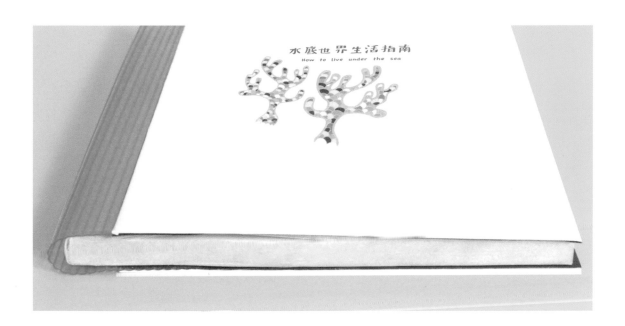

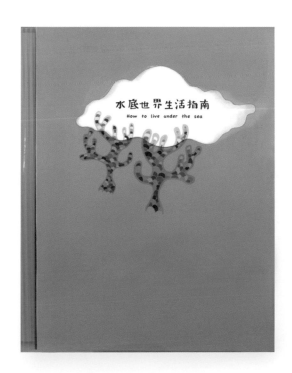

封面設計

封面的主視覺,以手繪珊瑚搭配
多層次的書衣及書背,在藍色與
綠色的交錯之下,讓人彷彿悠游
於水中。

封面以紙板及特殊色塑料接黏而
成,搭配最外層經特殊切割成型
的藍色書衣,因兩者之間所造成
的空間感,產生了錯視的效果,
就如同在水中觀書般。

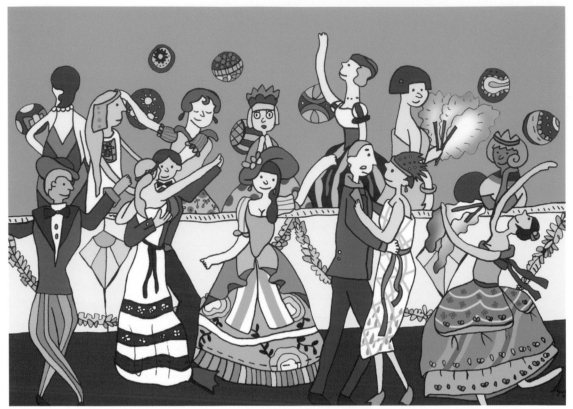

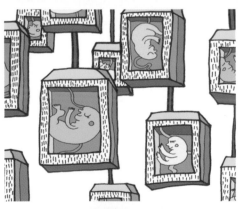

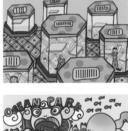

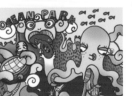

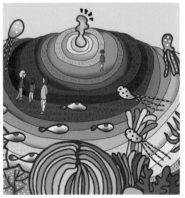

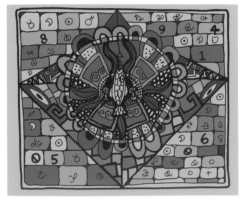

插畫呈現

以手繪插畫風格，呈現出活潑可愛
的輕鬆感，讓人能輕鬆想像書中的
世界。我們可在插畫中看出，那時
的人們，除了在衣著上有了很大的
改變，交通工具、建築以及人們所
吃的食物，也在環境的變遷下，與
現在有著極大的差異。

警告

當你在閱讀此書時，
或許人類已經找到了法子，
解決了那些讓我們不得不生存在水中的問題。

也或許，
人類已經由了天擇而進化成了另一種能適應新環境的生物；
什麼超級病毒啊，
食人巨獸的，
也都被消滅了。

否則的話，
趕緊確認你的全身都浸泡過隔離泡泡，
肺部和氣管都已經灌滿了流體Ｐ－

趕緊來看看到底該怎麼做，要做什麼，
才能在這廣大深邃的水底世界生存下去！

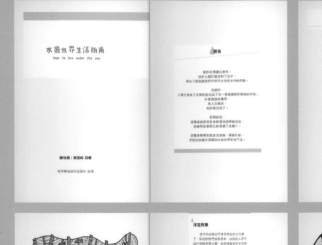
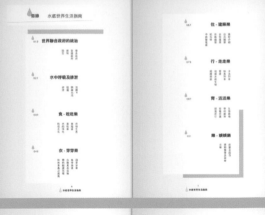
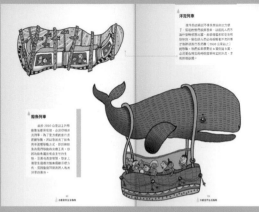
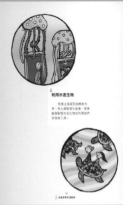
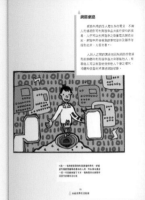
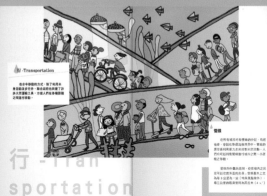
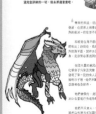
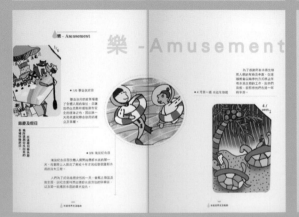
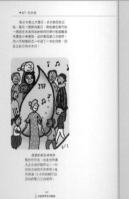
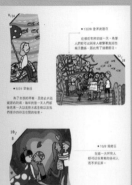

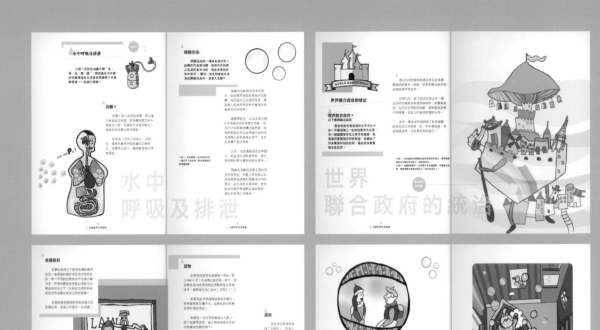

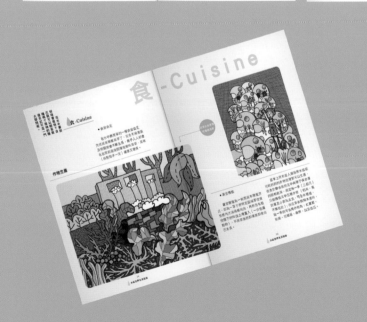

版面配置

本書為圖文並茂的小說，採用新的
概念，使插畫與文字並重，並以湖
水藍為主色調，穿插於各頁，表達
出水的意象。全書無固定版型，藉
以營造出多元活潑的畫面。

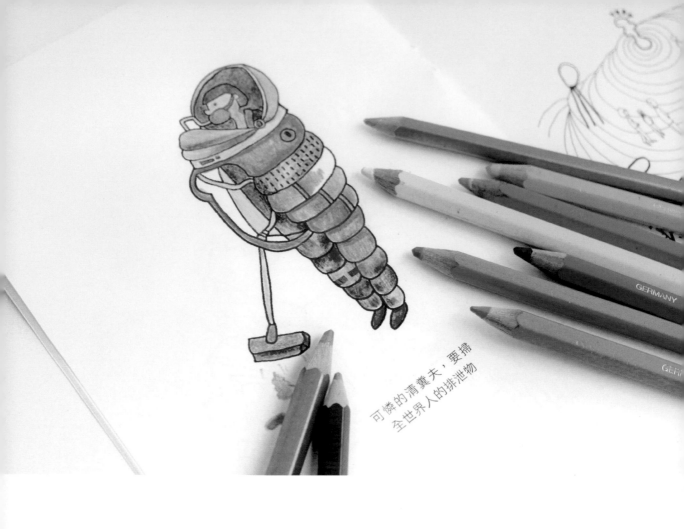

可憐的清糞夫，要掃
全世界人的排泄物

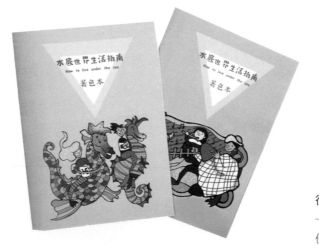

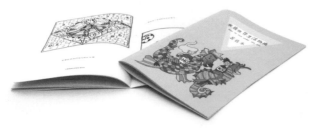

衍生應用

使用主視覺的既有元素發展成一
系列的相關商品，這裡以內頁之
主要插圖的黑白線稿製作，設計
成兩本著色本，讓讀者可以購買
回去享受親自著色的樂趣。

以本書內的精選插圖製作出數張
明信片，搭配以標準色配色的印
章，讓使用者可以享受如同蓋郵
戳般的 DIY 樂趣，而收到明信片
的人，就好像收到了來自水中的
親切問候。

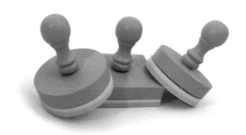

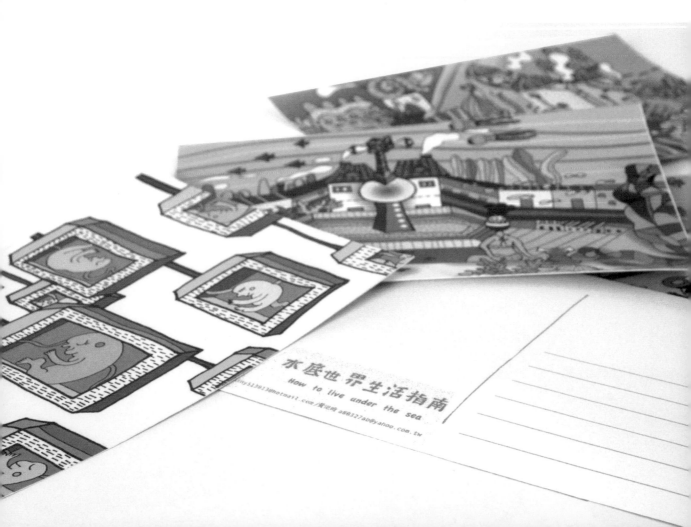

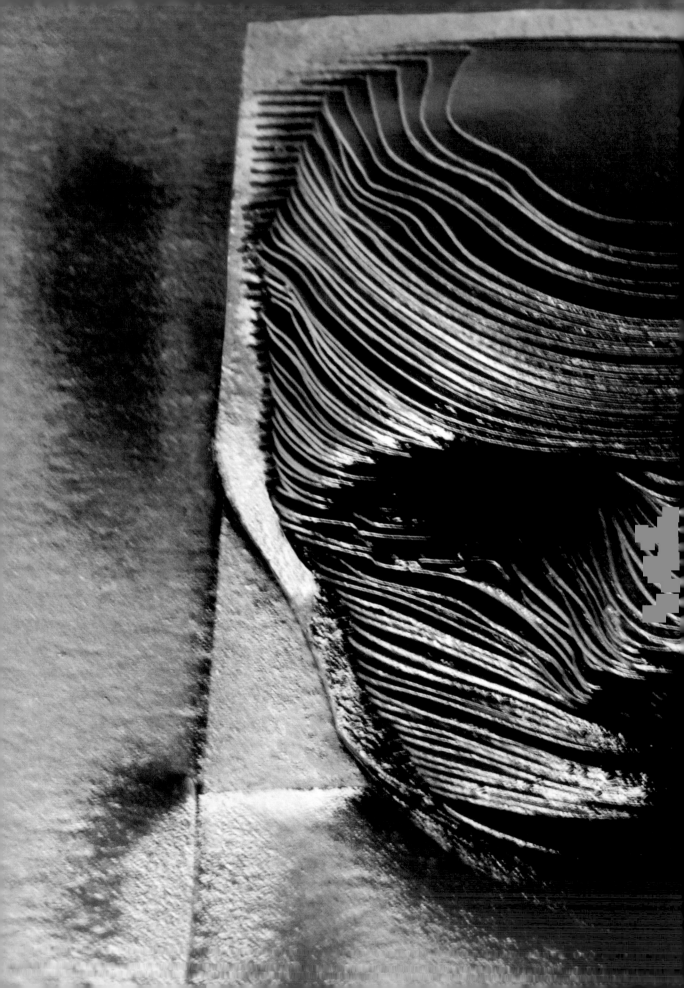

夢遊者
sleepwalker

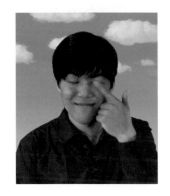

黃　可　多
Huang Ke Do

每一個人，
都是一本待閱的書。

以實驗性結構
呈現深埋腦中夢境的書

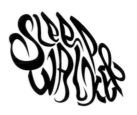

專題介紹　夢遊者 sleepwalker，因夢而遊，成千上萬的夢境藏在腦袋的皺褶裡。這是一本有關夢的書。以紙張堆疊與雕刻的方式，來呈現超現實的氛圍與感覺，浮在地面上的臉，更讓一切變得不真實，一切安靜又詭譎。當觀者看見此作品，能夠以自己想像的方式去揣測這作品的內容與目的，猶如進入夢境般單純、黑暗、若有似無的感受。整個作品運用的元素很簡單，即是主角夢遊者的腦袋，腦書，腦袋裡所有的夢都是作者夢裡曾出現的畫面，並且以素描和照片的方式記錄下來。當你想瞭解一個人的想法，和他所做過的夢，就應該直接進入他的腦袋裡，翻閱腦書。只要拉開本書底下的拉把，整個臉書就會自動翻開所有的頁面，直到夢遊者露出他的腦袋，露出腦書，這就是夢遊者，這就是夢，不真實，且詭異。本專題的目的是以實驗性結構與設計，來打破書本既定的翻閱方式。

創作理念　會有動機與想法去做這件作品，是基於自己本身易做夢的特質，我指的是晚上睡覺時做的夢。夢給了我許多做設計的想法與概念，夢裡的概念往往不會在白日發生，也就是說，有了這些夢，我有了更多不實際的想法。這是其一的動機。

另一個動機是源自於我之前做的一張海報，內容是，我覺得每一個人都是一本書，因為每個人都有自己的經驗與故事，所以與人交朋友就好像在讀不同的書般，汲取書中的知識，學習別人的經驗。我們腦中的思緒，都會經由口舌表達出來，我就是以這個概念來創作這張海報。相同的，夢，亦是如此。夢遊者 sleepwalker 就是想把這個概念化為實體，讓觀者更能融入其中。我也捨棄了一些元素，像是把嘴巴的部分去除，以讓作品具有超現實的氛圍，就像潛入地板一般。如此一來，便和我要做的主題「夢」產生聯結，亦符合人就像一本書的概念。

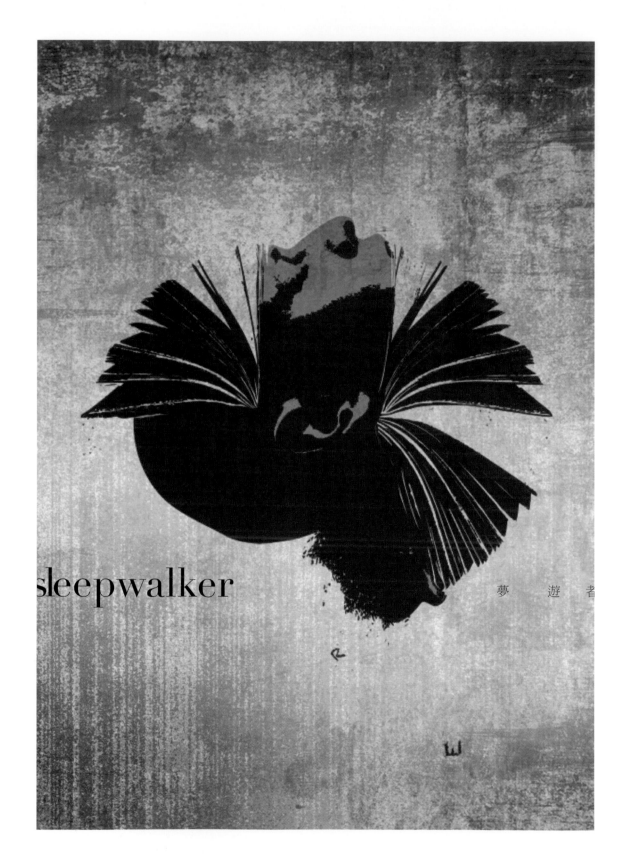

sleepwalker 夢遊者

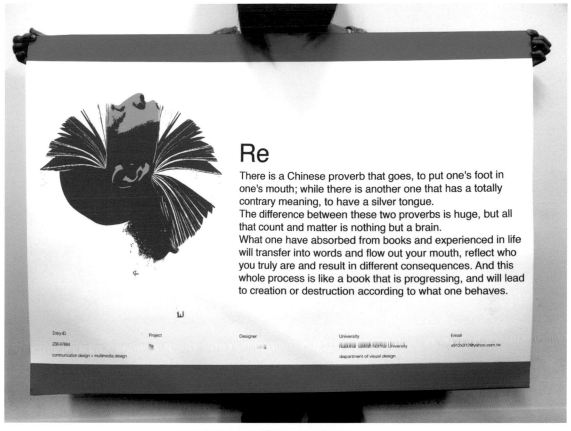

Re

There is a Chinese proverb that goes, to put one's foot in one's mouth; while there is another one that has a totally contrary meaning, to have a silver tongue.
The difference between these two proverbs is huge, but all that count and matter is nothing but a brain.
What one have absorbed from books and experienced in life will transfer into words and flow out your mouth, reflect who you truly are and result in different consequences. And this whole process is like a book that is progressing, and will lead to creation or destruction according to what one behaves.

Entry-ID	Project	Designer	University	Email
238-97864	Re		Taiwan Normal University	x912x912@yahoo.com.tw
communication design + multimedia design			department of visual design	

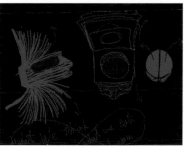
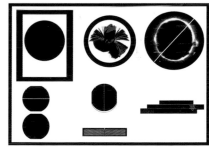

概念發想

中國儒家推崇剛毅木訥，巧言令色便會鮮矣仁。但仗義直言，卻是一個君子應有的行為。話語的本質來自於腦中的思想，就算是相同的一句話，會因為語氣，時機等變因，造成不同的效果。而這個概念正是我創作的基礎發想。

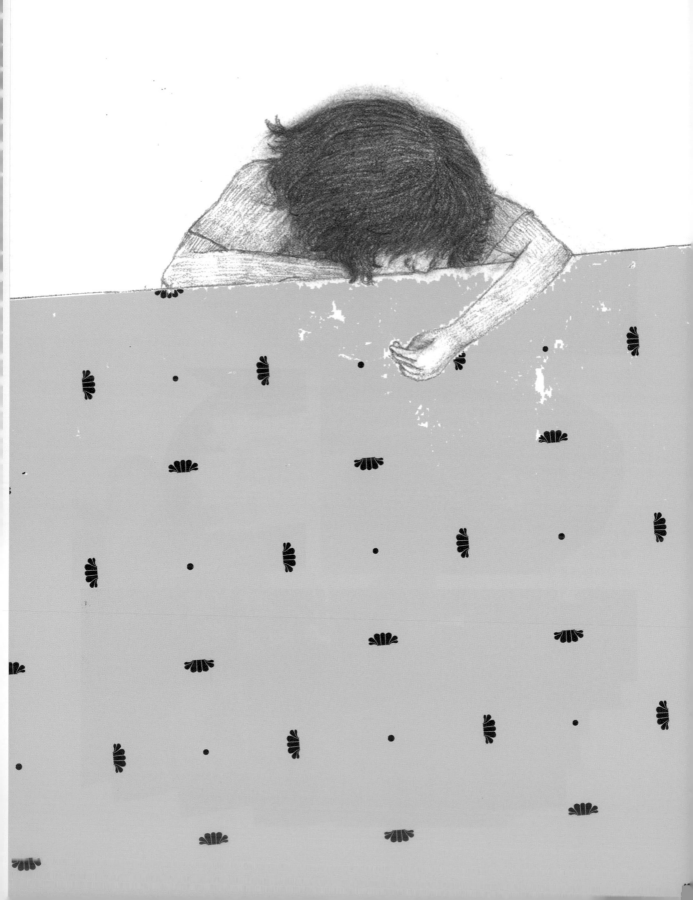

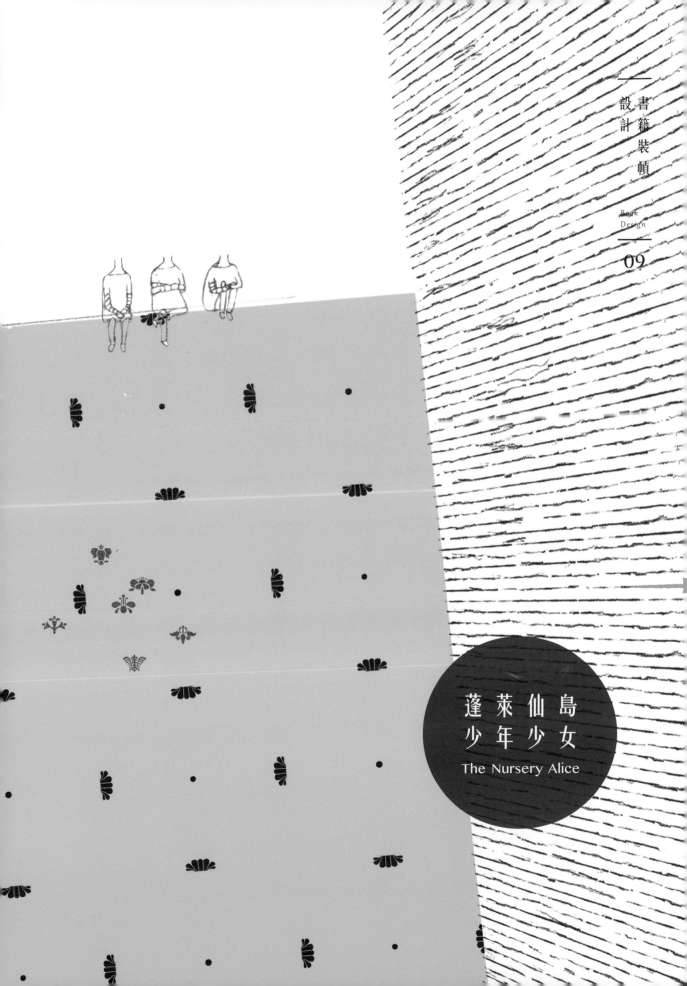

蓬萊仙島
少年少女
The Nursery Alice

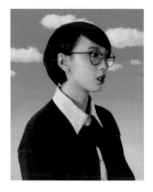

黃　詍

Huang Yi

Since we are all the nursery one ...

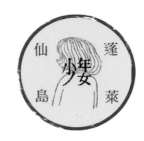

奇特的社會現象觀察
臺灣版的愛麗絲夢遊仙境

專題介紹　《蓬萊仙島少年少女》是一本以 Lewis Carroll 的《愛麗絲夢遊仙境》文本
作為主要架構，並以臺灣文化作為故事背景的繪本。裡面保留部份原著
中荒誕的故事情節，並加入許多自己觀察到臺灣奇特的社會現象或價值
觀。採用第三人稱的敘述方式，使說故事的人和讀者在同一角度觀察故
事中的主角，但情節卻與我們的生活息息相關，會有一種錯置時空的趣
味。原著採用強調線條感、單一色彩的繪畫風格，為了與其有所區隔，
加入漸層的筆觸增加柔和的調性。繪本中使用大量仿古裝飾風格的邊框，
和低彩度的色調，刻意營造出這種舊時讀物的感覺，也凸顯出這種現代
諷刺寓言的獨特與趣味性。

創作理念　選擇《愛麗絲夢遊仙境》作為繪本改編主題的時候，除了閱讀原著之外，
也讀過蠻多對於 Lewis Carroll 和原著文本分析，從來都不覺得《愛麗絲
夢遊仙境》是專屬於小孩的故事，尤其在創作的這一年再次接觸到這本
書的時候，發現裡面實在有太多元素可以去探討，原著裡面的架構大都
是破碎的，就如同我們的夢境一般，每個章節都是片段的夢境囈語，我
將原著大部份章節改寫，加入一些臺灣非常特有或荒誕的價值觀及個人
觀點，探討的其實是我們腳下的這片土地以及生活在這片土地的人本身。
將角色的年齡設定為現今生活在臺灣的年輕族群，而取名為「少年少女」
則是希望讀者在閱讀繪本時跳脫性別的框架。繪本也許帶有些許批判的
觀點，也許觀察的角度不夠廣泛，不過這正是這個年齡層的我們正在經
歷的一切，現在所看到、聽到的、喜歡的、眷戀的，在成長的路上，不
斷撿拾著如碎片般的經驗，如同書本裡愛麗絲一般，正走在屬於自己有
趣且充滿冒險的路途上。

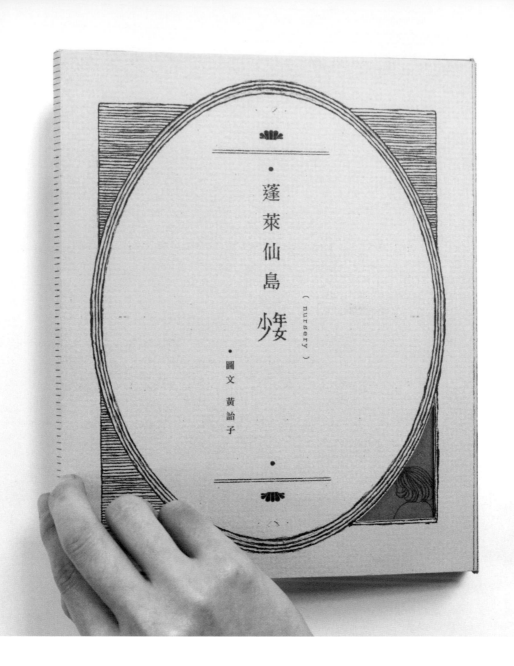

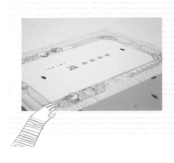
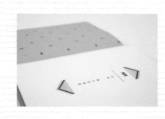
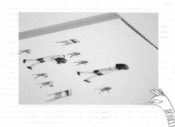

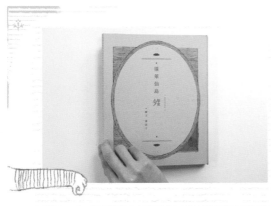

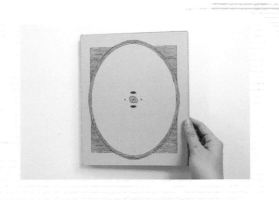

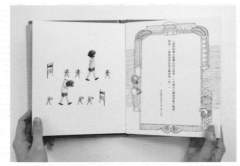

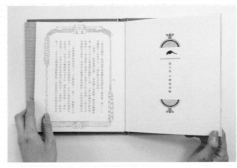

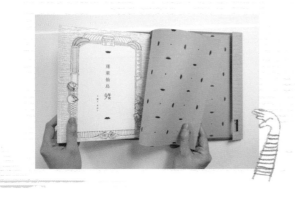

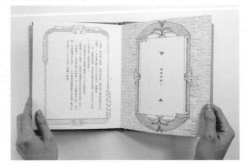

裝幀方式與風格

尺寸參考老舊讀本的規格,並考慮到內部邊框的排版,在寬度部份特別拉寬。封面風格也以仿古的邊框繪製,採用較低彩度的色調,不過在蝴蝶頁則使用較鮮艷的配色,使繪本內容和封面有所對比。

繪本封面分為兩部份,內部採用布精裝搭配燙金印上故事主角的圖樣,外部是與布精裝的灰色對比的淺色書衣,並且裁切正面邊框的右下角,顯現第二層封面的布精裝,凸顯書本外觀的視覺效果。內頁也採用復古邊框的元素,

在文字、章節標題、插圖部份,邊框樣式也都不同,並且每頁都略為調整,營造出類似手工印刷的質感,增加其變化與趣味性。

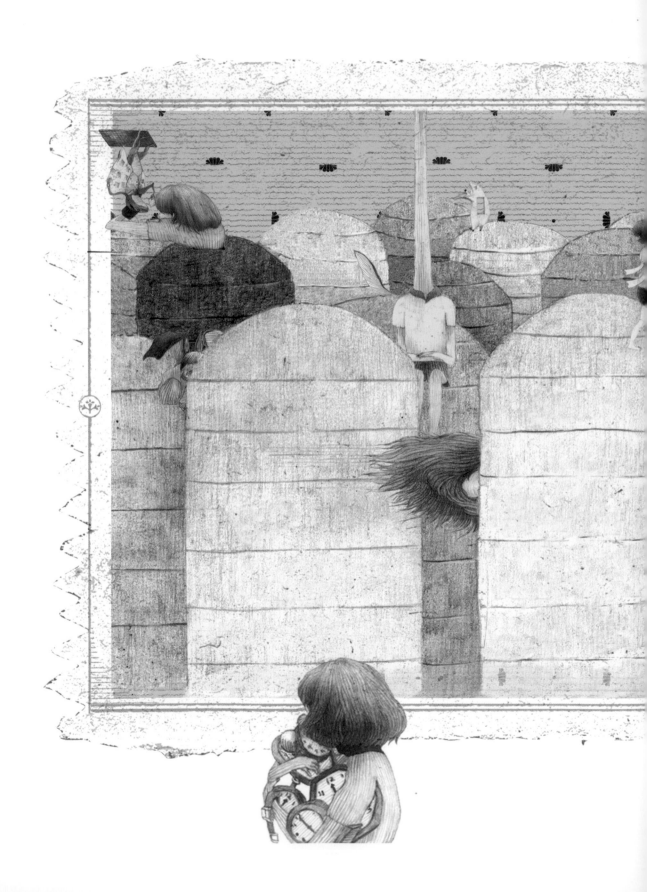

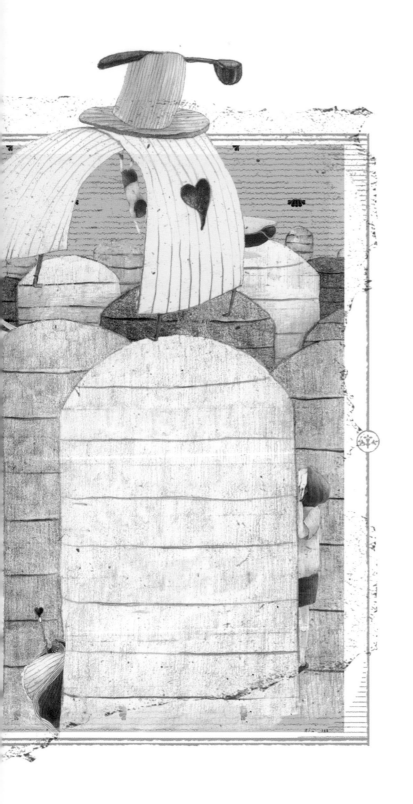

繪圖概念

在主角出現的所有章節插圖中，將繪本中的其它動物採用淡化方式處理，不描繪主角臉部的細微表情，僅以頭髮和身體的動作，間接傳達主角的情緒和想法，也暗喻著主角也可能正是在閱讀此書的讀者本身。

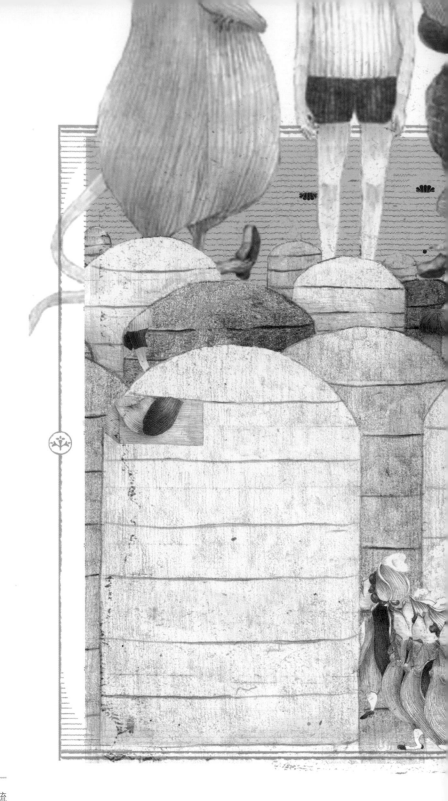

繪圖方式

以線條取代色彩，並以線條的疏
密表現明暗，手工繪製輪廓之後
放大重新上色，再使用電腦筆刷
修改，為了讓所有物件皆有統一
的整體感，每一張插圖都壓上低
彩度的底色，光源統一。

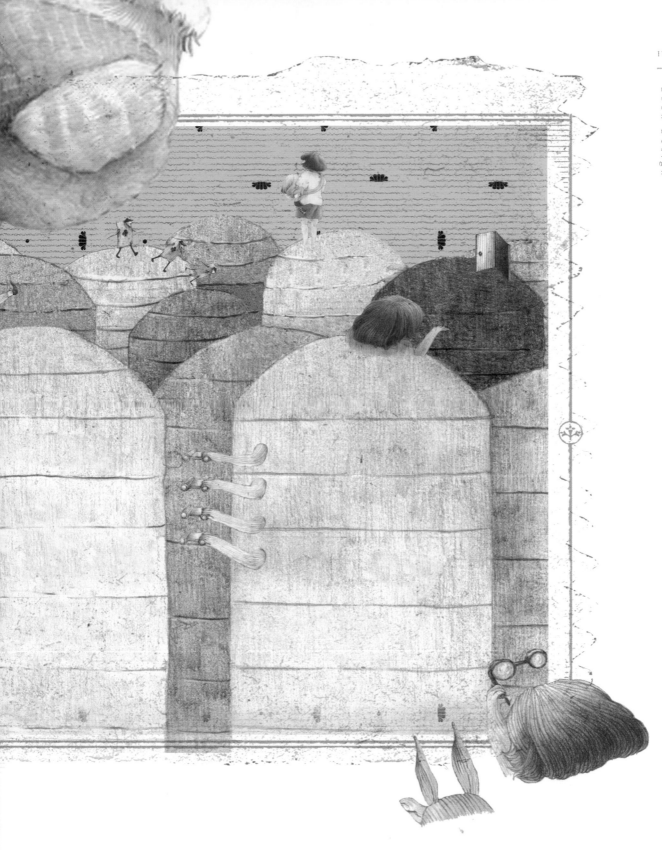

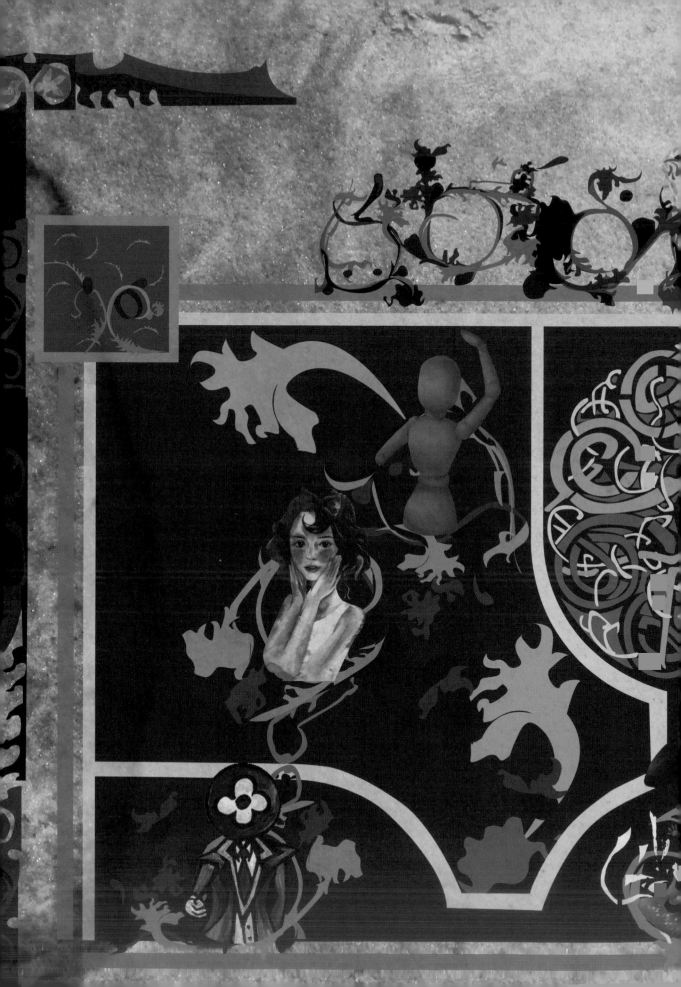

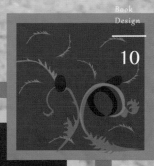

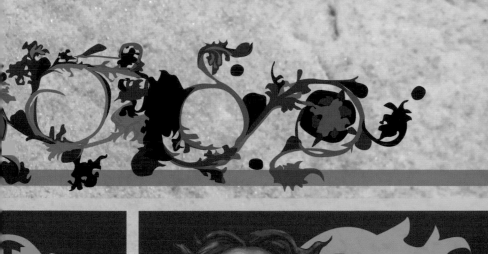

七原最
nana sins

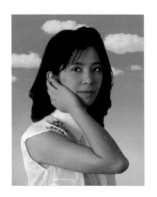

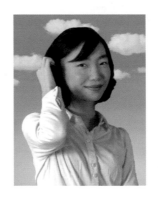

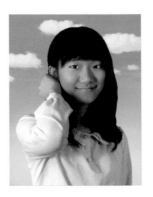

吳　宇　婷
Wu　Yu　Ting

彭　敏　惠
Peng　Min　Hui

林　柏　甄
Lin　Po　Chen

七原最不是罪。

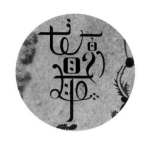

罪惡與本我
關於七項原罪的一套立體書

專題介紹　以摺頁書、立體書、隧道等不同書的表現形式，呈現活靈活現的七原最：驕傲、妒忌、暴怒、懶惰、貪婪、貪食及色慾。我們從日常生活中探討及研究，了解原罪在現代年輕人身上的樣貌及型態。例如年輕人的色慾，有別於以往的認知，是一種二次元的新型態，因此，在色之卷中，我們加入透明片強調現代人的寂寞。驕傲書中，我們找到屬於現代人的關鍵字：王子／公主病、自我感覺良好，而衍生出：公主、王子養成守則，旨在反諷其背後意涵。懶惰一書，我們從大學生懶惰的特徵，如態度散漫、如自我控制力差、對任務的嫌惡，找元素形成具有許多考驗懶惰關卡的摺疊書，憤怒、貪婪、嫉妒，我們以不同立體形式的立體書，翻、摺、拉增添互動式趣味，讓人看見原最情緒反應的極致。最後一原罪，貪吃，以隧道書展現，透過層層「口」意象的景片窺見無底洞的胃。

創作理念　十原罪，在宗教上指的是人靈性上的惡行。然而，從佛洛依德的理論來看，這些「原罪」其實處於「本我」的階段。是人最原始的、屬滿足本能衝動的慾望，並遵循「享樂原則」。因此，我們認為七原最不是罪，是一種人與生俱來的「本我」。例如貪吃，就是現代人常見的一種行為，逛夜市嚐遍美食就是一種享受。人們都會有惰性，這就是懶惰。大學生常拖延事情、拖作業，翹課的理由一籮筐，其實背後答案都指向懶惰，色慾，從「食色性也」這句話，就能理解，迷惑於色相的形形色色之中，是人的習慣性。當我們在討論和研究七原罪各個主題時，發現我們具有其原罪特質時，總不禁莞爾一笑後揶揄彼此。因此，七種個性各異的原罪，透過七種不同的書籍裝幀方式來表現，呈現這些「原罪」在青少年階段表現樣貌及背後的原因，探討對青少年而言「自我」的形象以及「本質」的問題。

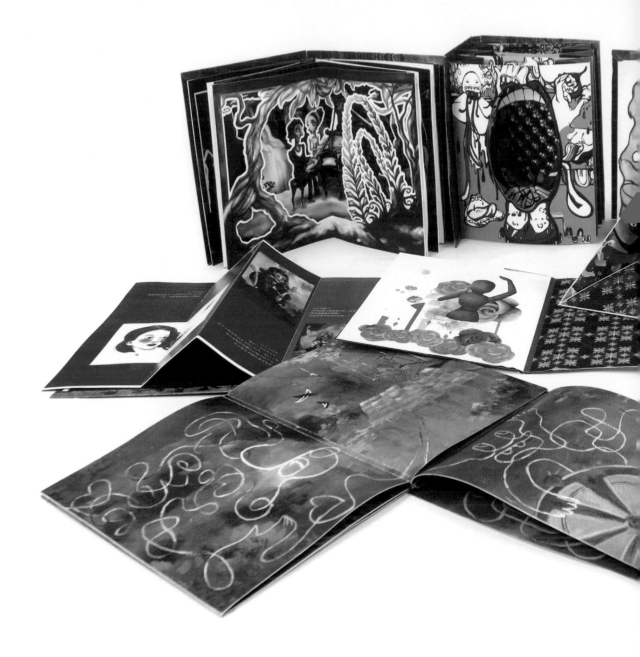

整體風格

只要有人類的存在，原罪就會周而復始，永恆不滅。

為了表現七原罪此一隨著人類的歷史消長，亙古而彌新的主題，我們選用古典質感的色調，並以帶神秘感的圖騰紋飾佈於畫面上。作為七項原罪的區隔，我們選用各異的七色，以神祕沈穩作為整體封面的基調。

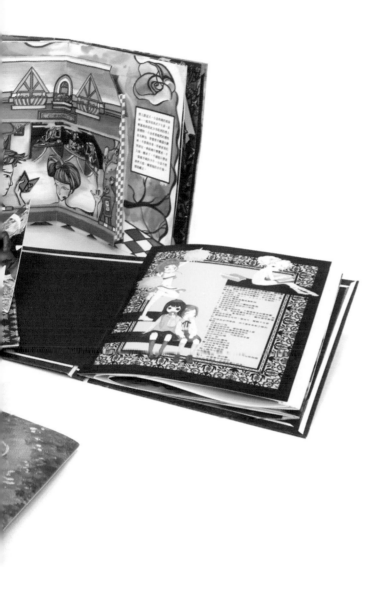

表現手法

在表現手法上，為了與七項原罪
的多樣紛陳互為呼應，我們依照
各自合適的方式，選用了七種不
同的表現形式。傳達了原罪的變
化性及難以捉摸的性質外，也在
同一系列主題之下營造同中求異
的趣味性。

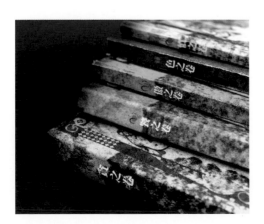

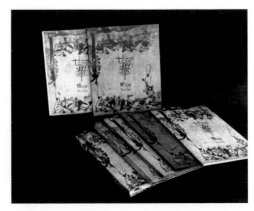

傲之卷

自戀到底是不是病？

王子病、公主病 -- 新世紀的文明新症。自我意識抬頭是現代年輕人的共通點，而究竟自我的意識高漲、膨脹到何種地步是會遭致批判，甚至被稱為「病」呢？在眾人眼中的公主、王子們又是如何看待自己的呢？本書以「新世紀皇家養成手冊」的惡趣味，小小挖苦眾「公主、王子們」，大家也可對照自己是否無意識中也有過類似行為，也是別人眼中的「皇室一員」。

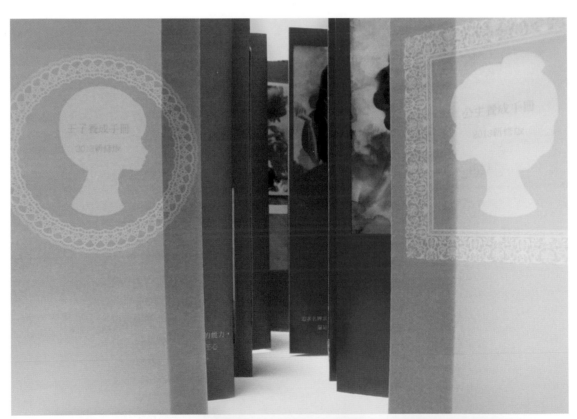

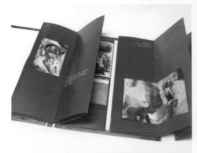
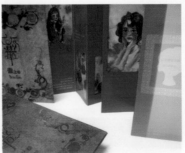
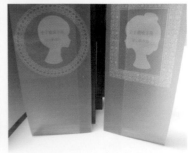

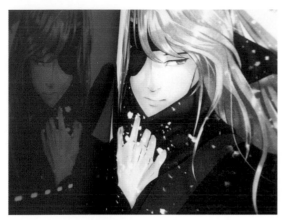

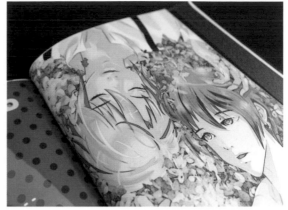

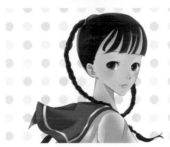

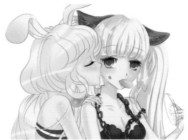

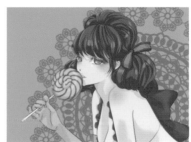

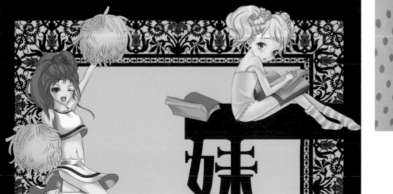

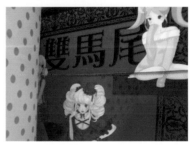

色之卷

色慾是人類最原始的情感，即使
隱晦卻盤據於每個人的心中。人
皆好色，只是程度有別。那麼現
代人晚婚、不婚，更甚者不交男
女朋友、崇尚單身者的比例卻是
節節高升，那又是怎麼回事？這
些宅男宅女們難道一點也不「好
色」？讓芸芸眾生黏在螢幕前的
秘密，且讓我們一探究竟。

惰之卷

將人比喻為小鳥，每一關都是誘惑人的因素，材質以紙和白線為主，整體以交叉編織的形式，呈現偷懶時心中迂迴反覆的感覺，根據每關提示依序打開，到最後會發現纏繞的白線是張將人困住的蜘蛛網。

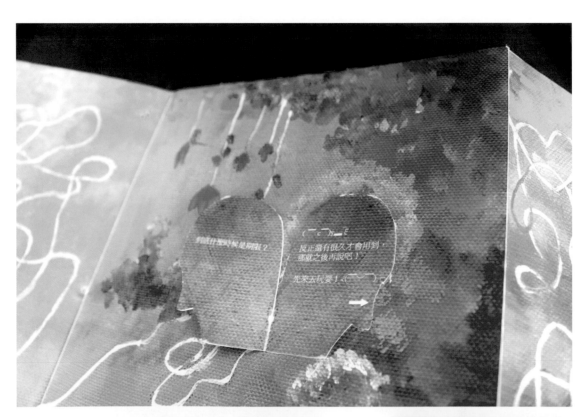

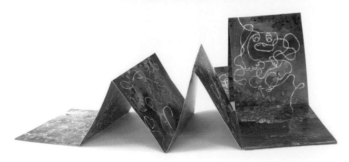

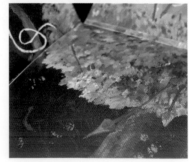

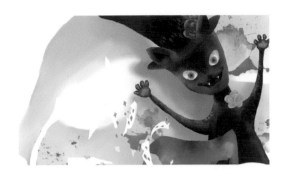

憤之卷

憤怒是一種尖銳的情緒,共分為
四個單元,主要呈現言語上的攻
擊,以雪銅紙為主,內頁歪斜的
三角形象徵憤怒隱藏在心中的樣
子,依照攤開順序意味著從心生
厭惡到嚴重的人身攻擊。

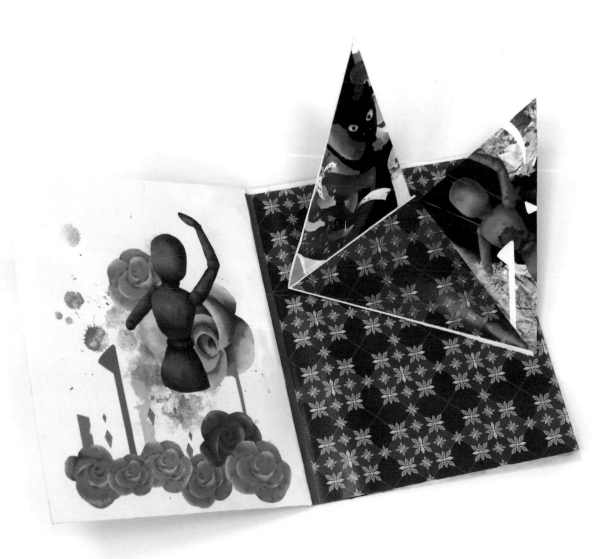

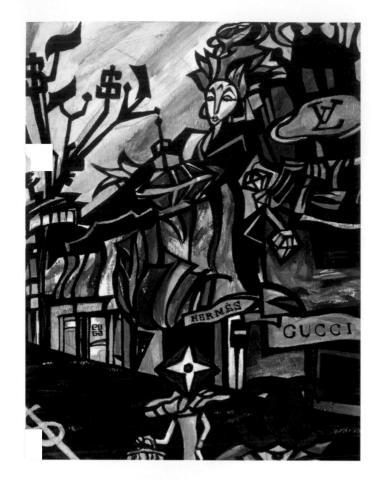

貪之卷、饕之卷

貪婪為主題的立體書,結合自創的故事,表現拜金女小金從現代掉入貪婪世界的歷險故事。中空的隧道仿佛能從嘴巴看到食道,這本書正是貪吃,趣味的圖像由垂涎三尺等成語而來。最後透過書最深處的鏡面紙看看自己貪吃的模樣吧!

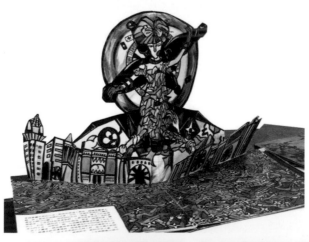

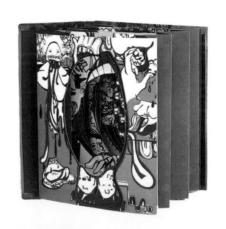

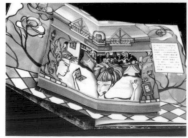

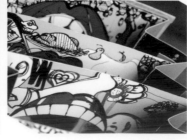

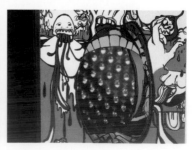

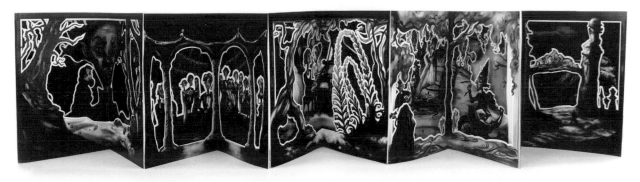

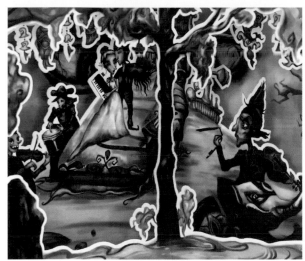 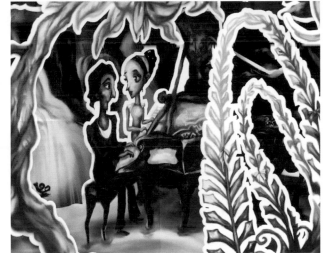

妒之卷

以嫉妒為主題的立體書,以插畫
結合多層次景片,產生最佳的景
深透視效果。整個故事共五幕,
呈現主角沃夫岡,在眾人眼中第
二名的他,嫉妒的心情從羨慕到
大發醋勁的樣貌。

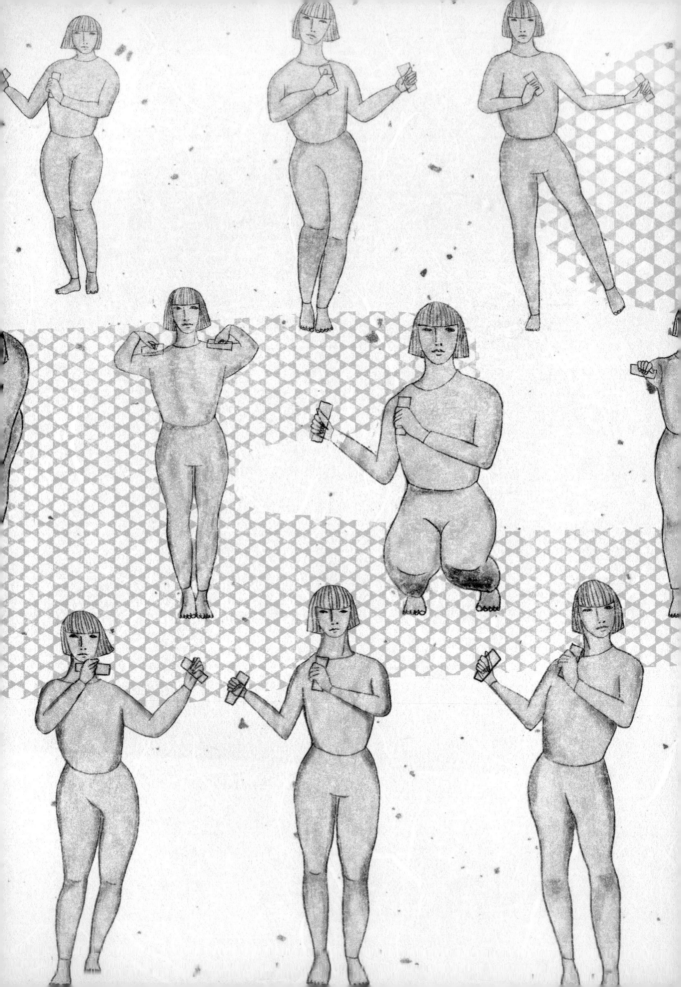

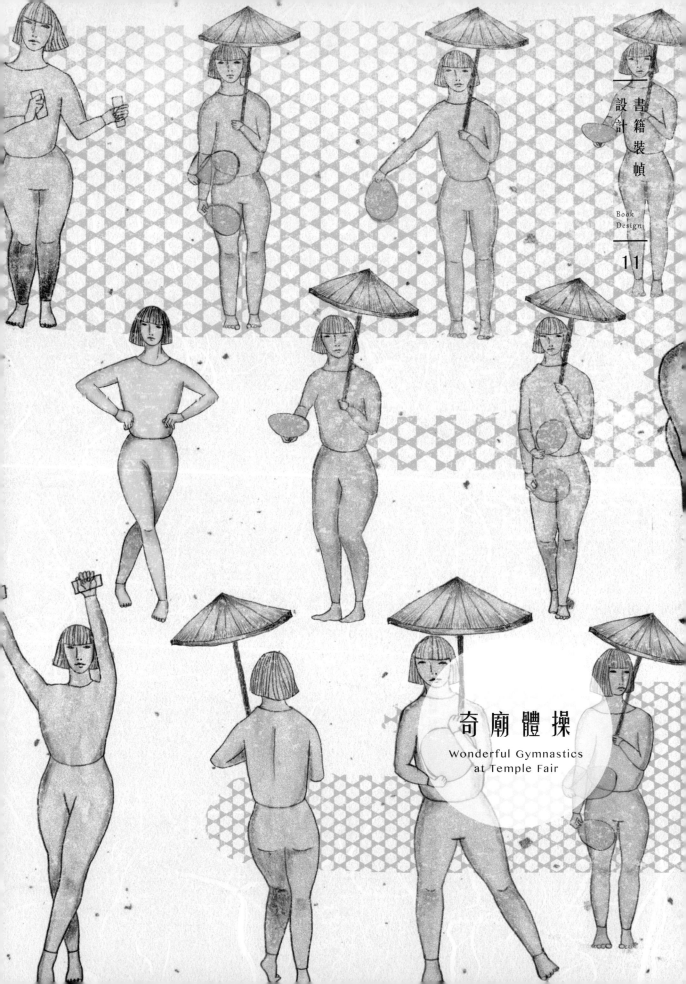

奇廟體操
Wonderful Gymnastics
at Temple Fair

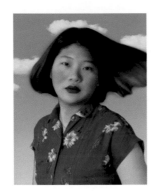

劉 邑 琳
Liou Yi Ling

健康又奇妙
一種愛與鑼鼓的體操

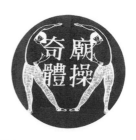

寰臺蒐奇
廟會舞蹈教學書

專題介紹　從歷史源流講起，用豐富的小插圖以及淺顯易懂的文字帶領讀者諸君進
　　　　　　入臺灣傳統藝陣的世界。有別於以往廟會紀錄通常是用文字的形式，本
　　　　　　書以圖為主，著重在舞蹈的學習，針對自小生活在都市的現代人，提供
　　　　　　一本既可以認識臺灣傳統又可兼具運動功效的書，在健康之餘更是豐富
　　　　　　了心靈。

　　　　　　本系列共分五卷，分別介紹金牛陣、舞龍陣、十二婆姐陣、車鼓陣、白鶴
　　　　　　陣這幾種富有特色的藝陣，內容包括：藝陣采風圖，以一幅插畫截取該陣
　　　　　　表演的風貌；歷史講座講解藝陣的來源還有表演形式；穿搭講座細細分析
　　　　　　藝陣表演的時候應該怎麼穿才到位？而舞蹈教學一步一步圖解藝陣舞蹈，
　　　　　　帶領讀者用身體來認識這個傳統文化，讀者就是文化薪傳的載體。

創作理念　基於感謝天神賜予的豐收，或是懼怕大降災厄，或是祈求上天，懷著這
　　　　　　樣的心情，遠古時代的人民載歌載舞，向上天獻上自己的技藝，娛樂神
　　　　　　明來祈求往後的溫飽平安，祭典於焉誕生。

　　　　　　儘管臺灣的民間信仰大多來自於原鄉，廟會的舞蹈大多是唐山過臺灣時
　　　　　　帶來的，但是經過時間的淘洗，也發展出屬於自己的特色。近年來，城
　　　　　　鄉差距日大，鄉村人口外流，城市太擁擠不能容納廟會這份傳統的喧鬧，
　　　　　　而鄉村因為缺乏青壯人口，陣頭表演人才也凋零，「藝陣」這個充滿俚
　　　　　　俗趣味的文化，不再是現代人生活的一部份了。

　　　　　　影像或是照片，在我看來都不足以傳承這些技藝，最好的載體就是「人」
　　　　　　本身，所以，希望藉由一個傳統藝陣的舞蹈教學書，通過將動作一步一步
　　　　　　簡化，讓讀者在家也可以輕鬆練習，強身健體的同時也進行著文化傳承。

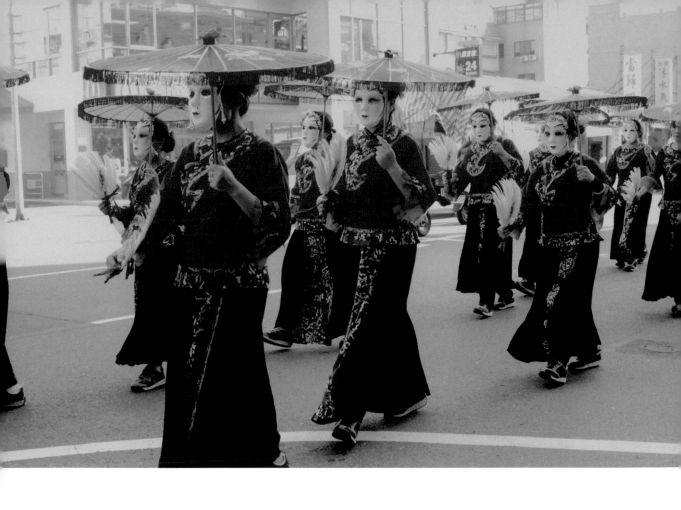

田野調查

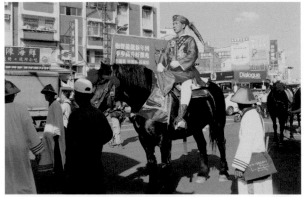

這個系列的每個舞蹈，都是實地
訪察、採集了多個廟會的藝陣方
纔選萃而出的五種陣頭。愈鄉村
的地方，藝陣的保存也就愈發傳
統。這次的採集主要分布在臺灣
中南部，這些在烈日下揮汗表演
的人們，有很多都不是以此為業，
而是地方自發性組成的表演團體，
他們充滿活力的熱情舞姿，令人
難忘。

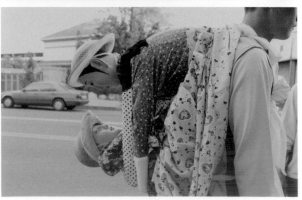

民間藝術

從原鄉帶過來的民間藝術，以音樂、舞蹈、繪畫……種種形式保留了下來。在時代的浪潮沖刷之下，淘洗出了屬於臺灣獨有的特色。奇廟體操的製作，也參考了許多臺灣民間藝術的配色、圖樣。

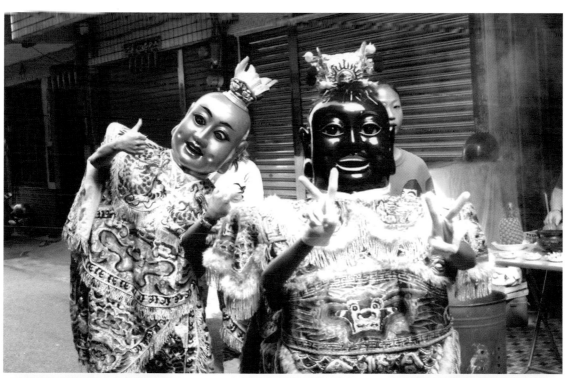

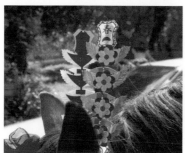

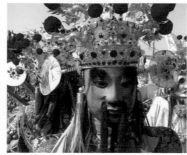

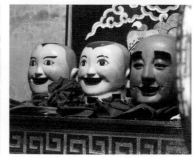

手工絹印封面

參考田野調查時採集的配色,製成各種圖樣。荷蘭布材質,以壓克力顏料、印花漿手工絹印製成封面。每卷都有各自專屬的封面,而封面人物的姿態都是出自該陣的動作。內頁裝訂採用經摺裝,古老的形式配上無俚頭畫風呈現一種衝突感。

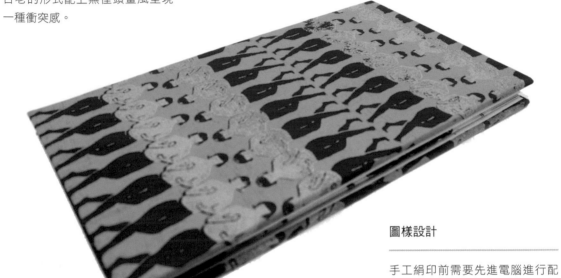

圖樣設計

手工絹印前需要先進電腦進行配色,這裡列舉三種封面圖樣設計的電腦稿。每個封面都是採用該陣的舞蹈動作,再加以簡化,配色選用鮮艷的色彩來表現臺灣廟會熱鬧的感覺。左一代表了十二婆姐陣、左二及三都是脫胎自車鼓陣。

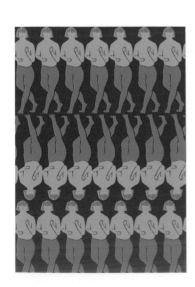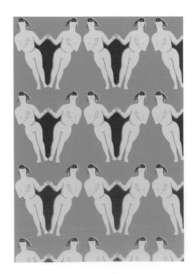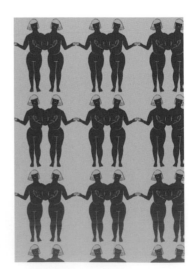

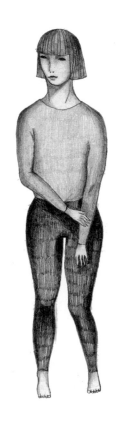
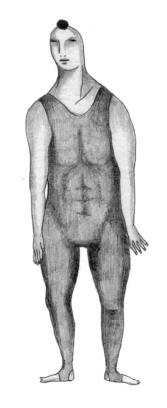

人物設計

為了示範藝陣的舞蹈動作,設計了一男一女兩種人物,女子穿著看起來健康活力的衛生衣,上衣不忘紮進去表現出一個乖寶寶該有的典範;男子則是身著緊身衣,以便讓讀者諸君看清楚他的肢體動作,身材健壯長相端正,令人聯想起小學健身操錄影帶的示範員。

書籍內頁

經摺裝、紙質選用棉絮紙,呈現出古書的感覺,內容有時髦的穿搭教學等,希望藉由這樣的衝突感表現趣味性。每卷一翻開都附有一個紙娃娃的摺頁,裡面附了該卷藝陣表演者的各種穿搭服裝,讀者諸君不妨邊享受替紙娃娃搭配的樂趣一邊揣摩書中動作。

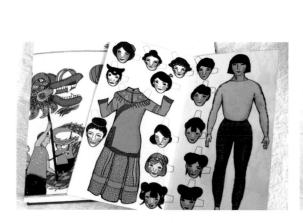
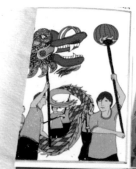
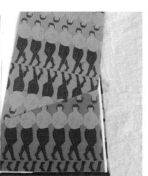

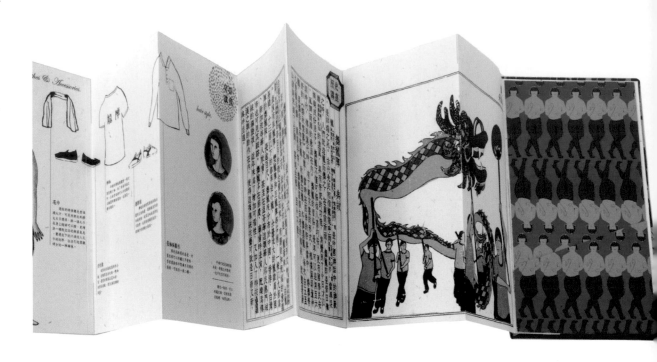

舞龍陣

這是舞龍陣的正反面全圖。

正面有舞龍陣采風圖畫出了舞龍實際表演時的樣貌；歷史講座則是講解該陣的源流以及表演形式；所謂「工欲善其事，必先利其器」穿搭講座帶領讀者諸君認識表演藝陣時適當的穿著。

反面則是繪製了九種舞龍時使用的疊羅漢技巧，但請諸君切記，這些動作都需經過專業訓練方可演練，莫在家中自行揣摩。

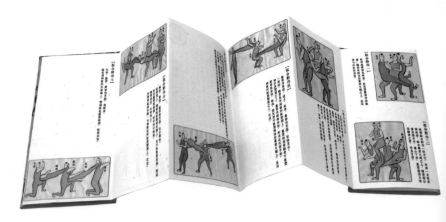

十二婆姐陣

十二婆姐陣的正面全圖，一樣有采風圖、歷史講座與穿搭講座這三個單元，由於採訪的團體表演者全是女性，所以示範員採用女子。背面會有婆姐陣的舞蹈教學，一步一步圖解，要不會也難。

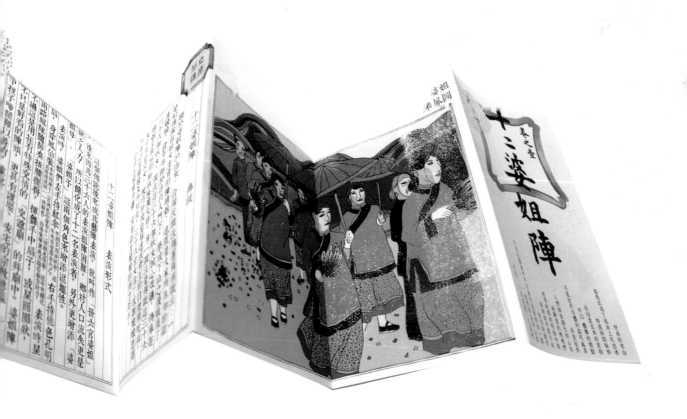

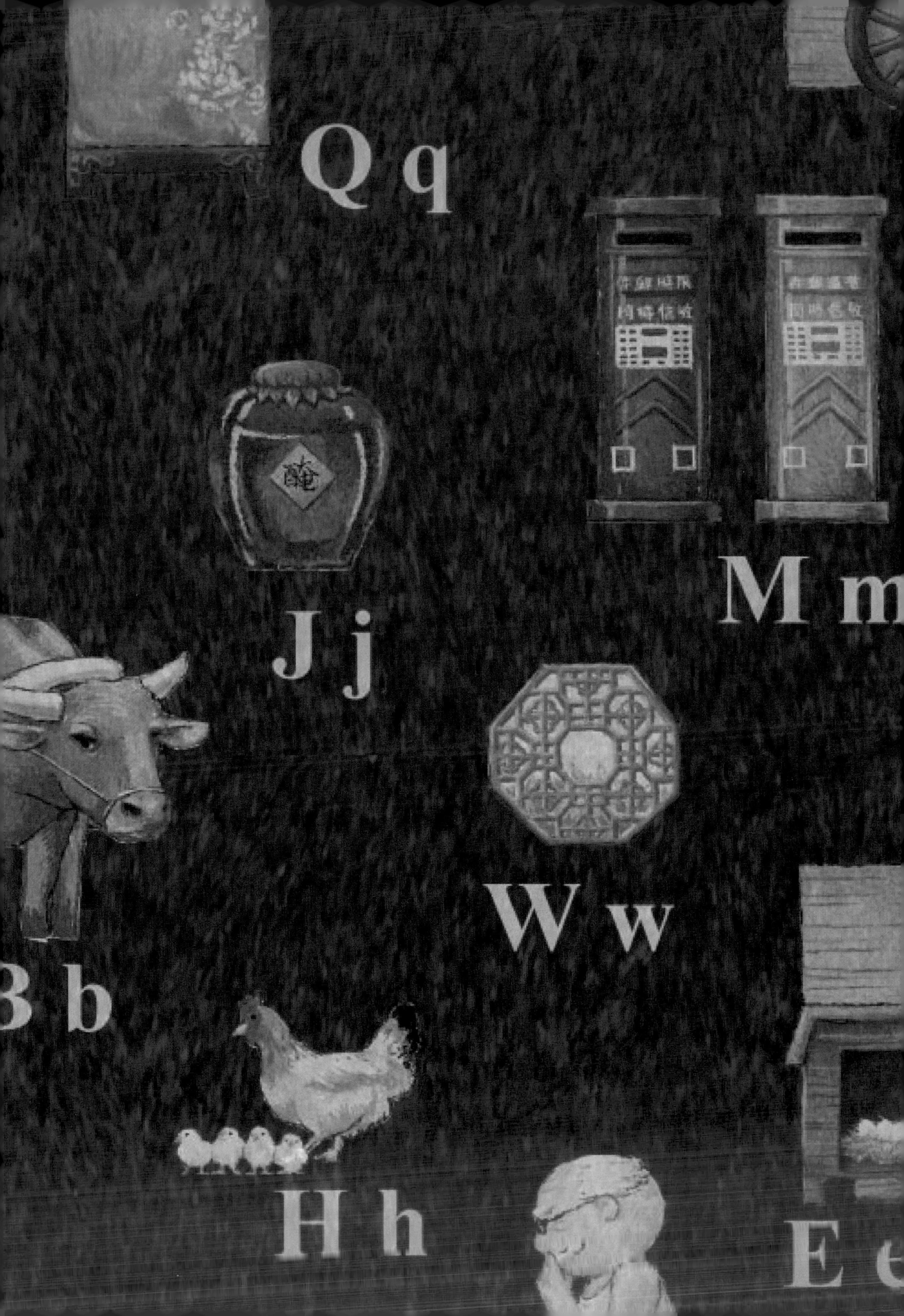

Q q

J j

M m

W w

B b

H h

E e

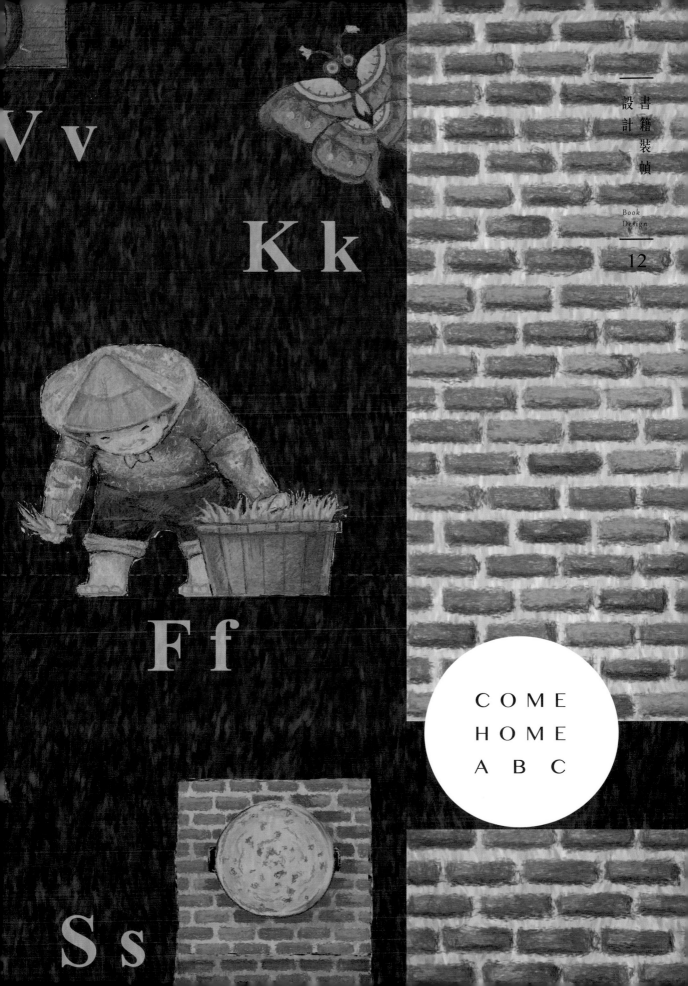

Vv

Kk

Ff

Ss

設計 書籍裝幀

Book
Design

12

COME
HOME
A B C

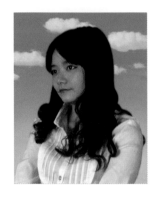

余 佩 玲
Yu Pei Ling

學習英文能很有趣，
也能愛臺灣！

將臺灣文化結合英文教學的
單字立體書

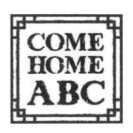

專題介紹　「COME HOME ABC」是一套獨一無二，以臺灣傳統文化為主題的英文字母學習遊戲，以國小低年級學童為目標群眾。孩子在學習英文之餘，也不應忘記本土文化的初衷。此外，結合空間概念，將場景立體化，使學童在認識英文字母及單字的同時，還能夠和實際生活場景做結合，達到學習上的活用，並增強趣味性與創造性。

　　「A-Z」26 個字母散佈在八個二十公分立方體大小的立體場景中，場景包含「廚房」、「臥室」、「院子」、「家門口」、「街道」、「雜貨店」、「小徑」及「稻田」八種。透過場景中每道開啟的門，孩童可以自由拼組場景並將場景與場景間作連結，創造屬於自己的故事王國，不只能認識字母及單字，也同時培養孩子們的創造力及想像力。此外，另附一本十五公分大的方形單字例句本，將散亂於八個場景中的字母按照順序作統整，當中有著和場景中的物件相對應的圖片，以及簡易的例句中英文對照，讓此套遊戲更富教育性、更充分完備。

創作理念　近幾年來的父母砸下重金，只為了讓孩子學到最「道地」的央文，不禁讓我開始懷疑，我們到底是臺灣人，還是歐美人士？孩子們連自身的家鄉都一知半解，就要跳全半天邊的另一個世界，這樣豈不是捨本逐末？研究市面上學齡前英文教材常見的字母表，會發現不少單字涵意過於西洋化，許多是臺灣沒有或極少見的東西，如「igloo」、「king」、「queen」、「unicorn」等，很明顯的，這些單字和孩子們的生活環境隔閡甚遠。

　　有感於此，我決定發展一套以「回歸臺灣」、「回歸家」為主題的英文字母書，讓孩子能深刻認識自己身處的臺灣、身處的家。要知道，學英文也能愛臺灣！幼稚園到國小低年級除了是初步學習英文的黃金期外，根據皮亞傑（piaget）的認知發展理論，此時期的兒童開始從原本平面化的思考逐步建構成一套完整的空間概念，為了配合此階段學童認知學習之需求，讓他們深刻了解自己所身處之生活「環境」，並將字母與環境空間做連結，因此以立體書的形式呈現。

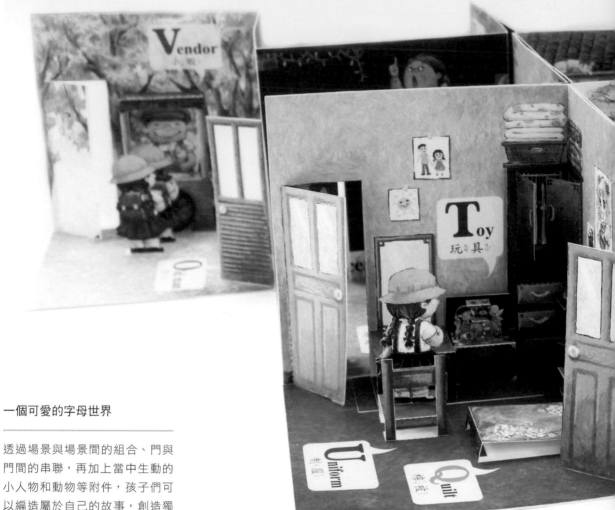

一個可愛的字母世界

透過場景與場景間的組合、門與門間的串聯，再加上當中生動的小人物和動物等附件，孩子們可以編造屬於自己的故事，創造獨一無二，富有臺灣鄉土味兒的可愛字母王國。

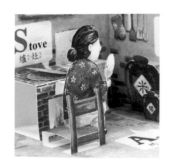

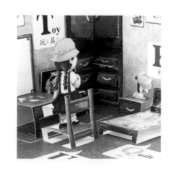

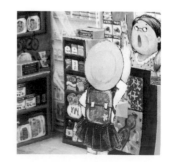

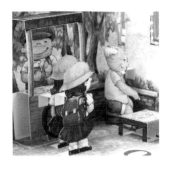

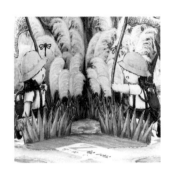

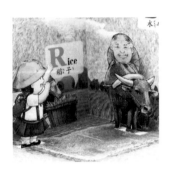

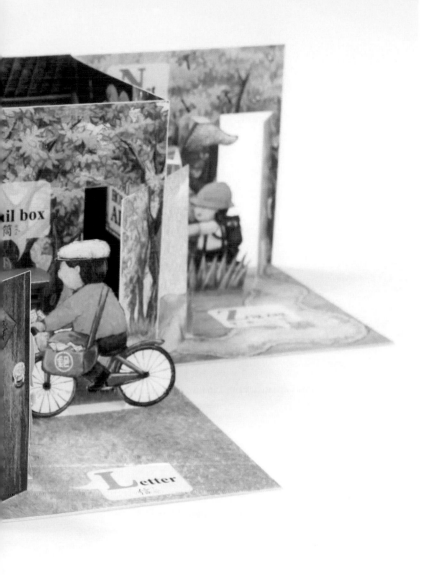

COME HOME ABC

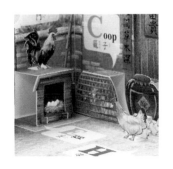

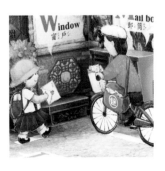

場景安排

由左到右分別是廚房、臥室、雜
貨店、院子、家門口,由上到下
則是街道、小徑、稻田,共八個
場景的精華一角。26 個字母的單
字便散佈在這八個場景中,等待
孩子去發掘、去學習。

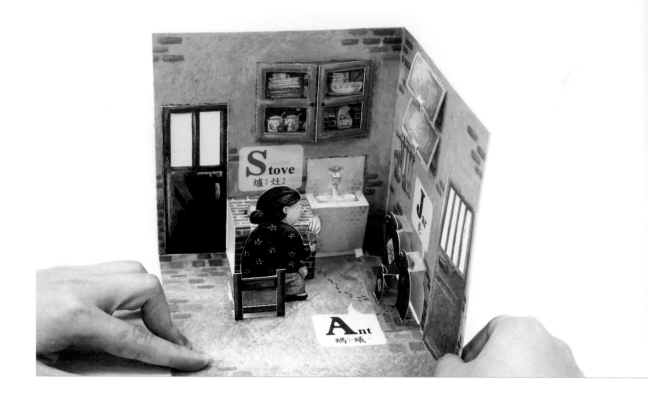

場景立體結構

尺寸：20x20x20cm

每個二十公分大的立方體場景皆
能輕鬆地將地板沿對摺線對摺，
合成一本小書（或稱卡片）。不
只攜帶方便，更塑造一種「pop-
up」的驚奇感，讓孩子的學習更
有趣味及互動性。

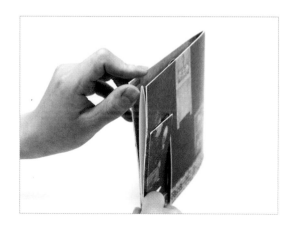

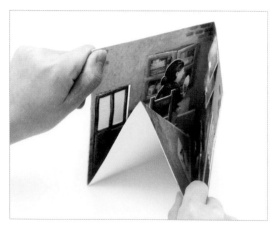

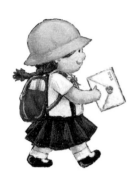

附件單字例句本

尺寸：15x15cm

內頁按照 26 個字母排序，由 A-Z 個別列出場景中對應的單字、圖片及簡單的例句，為場景中散亂的字母作順序上的統整，讓這套遊戲更富英文學習的教育性。

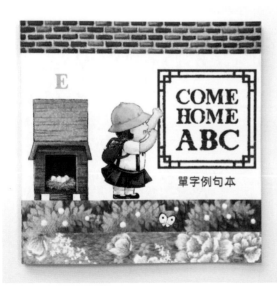

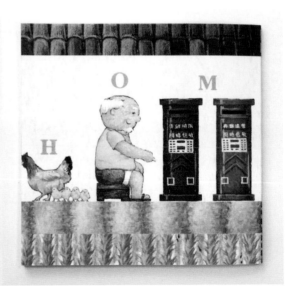

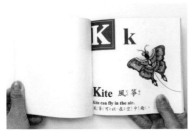

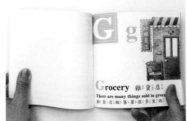

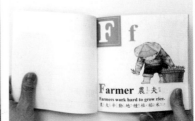

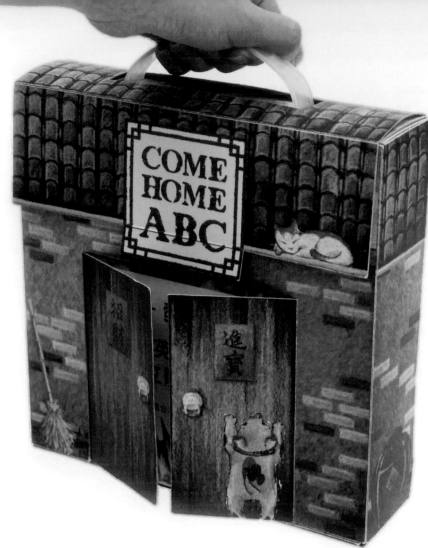

包裝設計

包裝呼應遊戲「開門」的趣味，
門扉開啟即顯示產品名稱，並以
臺灣傳統房屋的樣式為設計理念。
掀開屋頂，可以看到藍天白雲和
趴在牆上偷窺的小朋友，再將整
個屋頂和天空打開，屋內的八個
房間就呈現於眼前了。

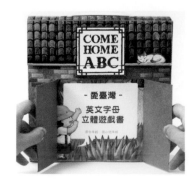
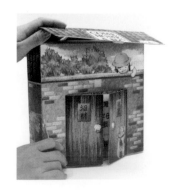
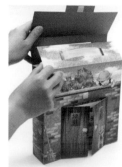

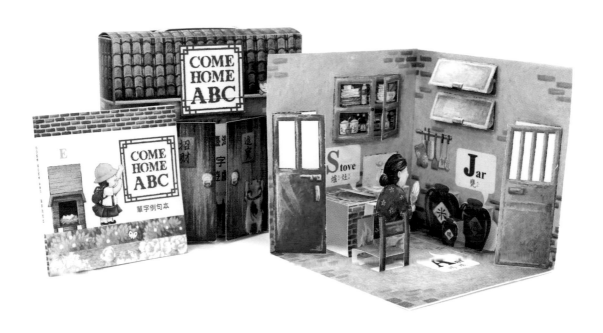

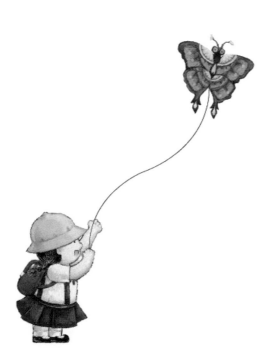

愛臺灣英文遊戲書精裝組

遊戲組包含八本立體場景書及一本附件單字例句書,再由一個房屋狀的提盒將所有房間和附件本裝起。提著這棟臺灣古早味小房子的遊戲組,讓孩子走到哪,學到哪!

孩子們,就讓故事主角辮子小妹及她的家人朋友們,帶領各位開啟一段充滿知識、歡樂及臺灣味兒的奇幻旅程吧!要記住,學英文能有趣,也能愛臺灣!快背起你的書包,咱出發囉!

多媒體動畫
Animation

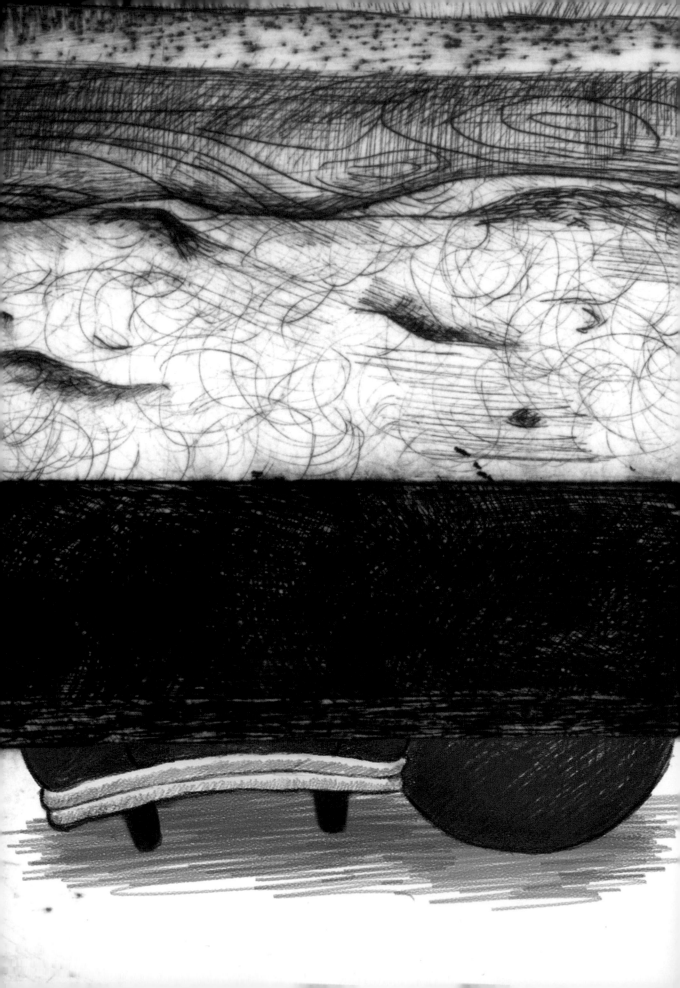

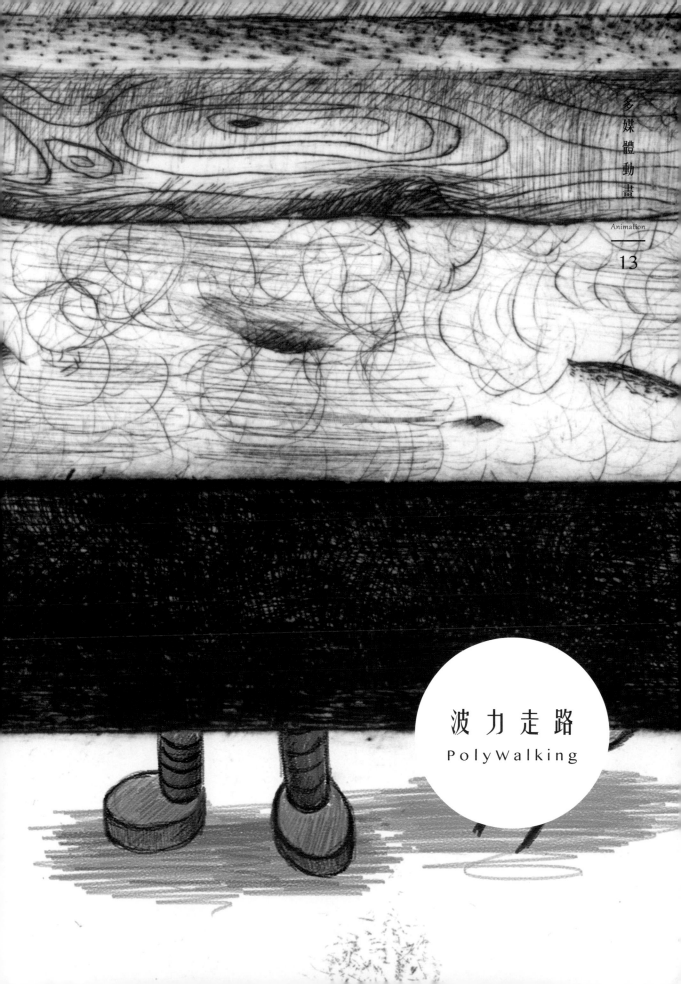

波力走路
PolyWalking

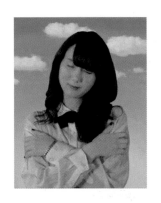 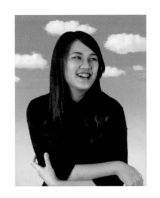 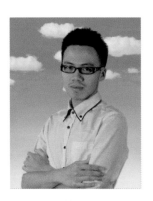

朴 宣 姬
Pu xuan ji

吳 昕 珏
Wu Hsin Cheuh

李 紹 文
Li Shao Wen

每個人都應該喜歡原本的自己。

特有風格的療癒小品
結合多媒材的手繪動畫

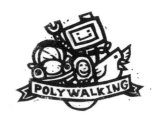

專題介紹　將版畫、色鉛筆、粉彩筆插畫的質感結合，加上原創音樂與原創故事製作成的動畫短片作品。在美術風格、畫面呈現上使用複雜幽暗的壓克力版畫背景畫面，與色彩鮮明、筆觸輕鬆可愛的人物；豐富的畫面和輕鬆可愛的手繪動畫人物，形成鮮明對比。以略帶超現實風格的背景畫面與活潑生動的角色來敘述故事，讓人想一再回味欣賞。故事內容意在強調每個人的自我價值，沒有人是一無是處的，也沒有人應該被忽略。

配樂設計邀請音樂系同學合作，效法音樂劇《彼得與狼》；配合每個角色設計不同的代表樂段，又融合近代的藍調曲風，為波力走路量身打造。隨著動畫與繪本的製作完成，也進一步結合本作品的美術風格與角色特色，設計、發展出周邊商品。

創作理念　波力走路（PolyWalking）是一個原創的故事，故事主旨是：每個人都應該喜歡原本的自己。所以在配樂上也別具巧思為每個角色製作專屬音樂。畫面處理上較為複雜；暗色的版畫線條背景與版畫獨有的刻痕、帶有雜點的空白處與超現實的細節局部，是發生故事的的舞台，也意指著我們的人生。也許有時候幽暗不明，讓人看不清，但總能在柳暗之處，發現又一村的驚喜。

角色輕鬆的線條筆觸，明快的色彩，在暗色的背景中，特別顯眼。動畫中捲曲的上色線條也代表每個人的複雜與獨有的顏色。

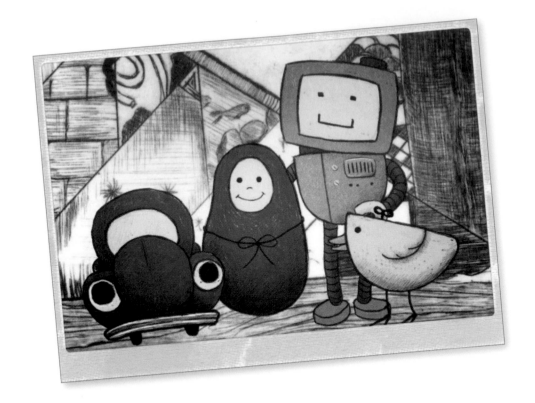

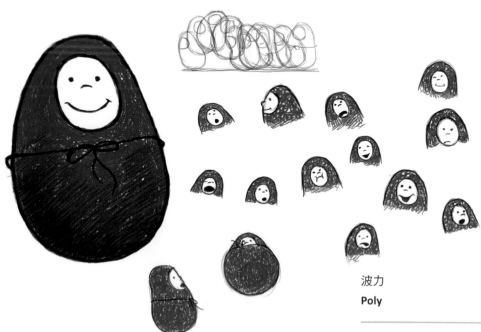

波力
Poly

故事的主角，活潑開朗，有著勇
於改變、面對挑戰的性格，但是
對自己感到自卑。

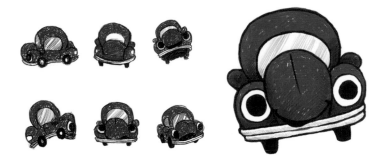

卡爾
Carl

愛笑、喜歡刺激、玩耍，不太管
事，但是也不壞。

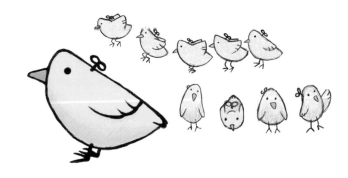

吱吱
GiGi

活蹦亂跳的發條玩具，對事情充
滿好奇、總是一馬當先。

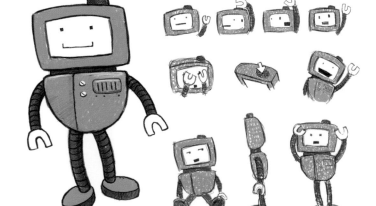

羅貝蒂
Robetie

有著熱心助人的古道熱腸；手腳靈
活的他總是不吝於幫助身邊的人。

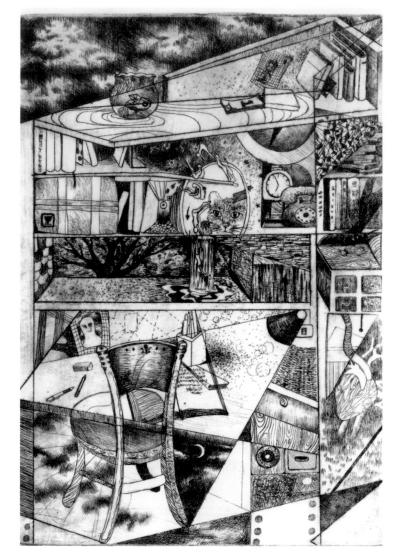

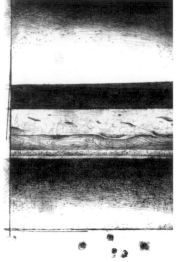

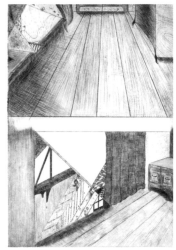

動畫背景

動畫背景製作是以壓克力版畫製
作,細如素描但是又有版畫特有
的刻痕韻味,可作為動畫背景亦
可為獨立作品。

完稿畫面

完成版畫後，在電腦中調整色調、
加以裁切。配合場景加上角色，
在場景中針對角色與環境的關係
加以處理，即為完稿畫面，如左
圖。再隨著故事內容發展變換使
用不同場景，如此配合製作出動
畫與繪本。

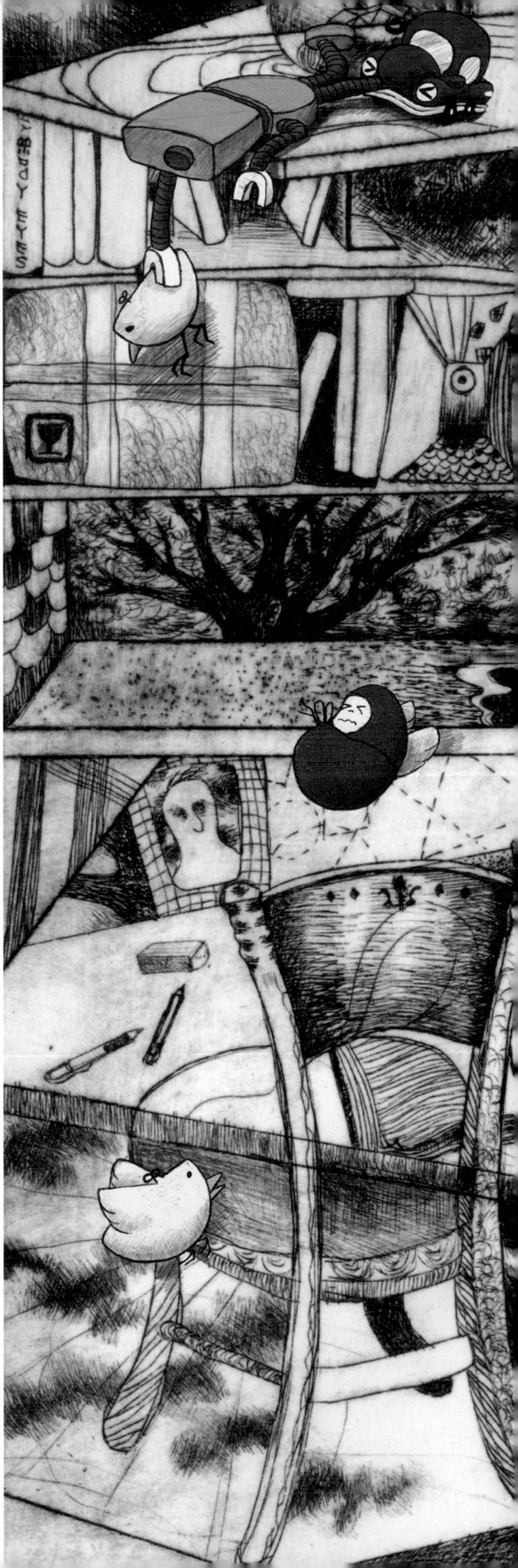

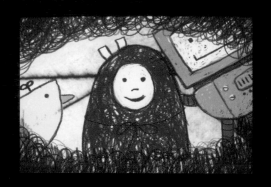

工作人員

導演：吳昕珏
編劇：李紹文
原畫：朴宣姬　吳昕珏
監製：吳昕珏
故事發想：李紹文　吳昕珏
動畫補間：吳昕珏
角色設計：李紹文　吳昕珏
版畫背景繪製：吳昕珏　朴宣姬
音樂：劉芷吟
音效：李紹文

動畫

片長 4 分鐘的手繪逐格動畫，原創的故事、音樂與動畫，做出具有獨特風格的畫面，溫暖人心的故事。

配樂

效法音樂劇《彼得與狼》，配合每個角色譜出其代表的樂段，結合一些近代音樂風格（ex. 藍調）量身打造的樂章極短篇。

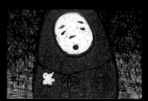 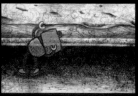 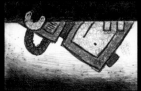 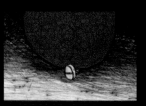

難過的波力，躲在床底下。羅貝蒂正在找遺失的螺絲釘。

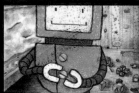 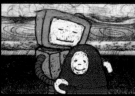 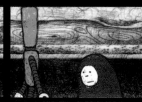 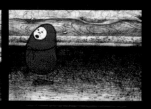

波力找到羅貝蒂的螺絲釘，羅貝蒂對波力表示感謝後離開，波力在後跟不上他的腳步。

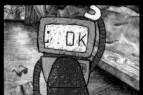 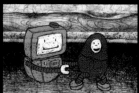 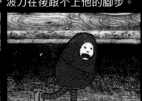 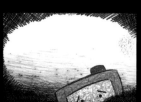

羅貝蒂答應幫助波力。波力不會操縱雙腳，跌倒。

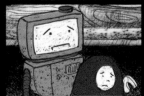 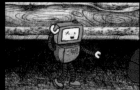 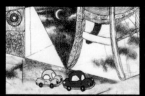 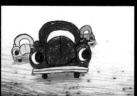

波力沮喪，羅貝蒂追上，他們遇到玩具車卡爾與他的朋友。

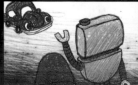 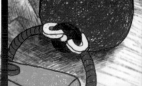 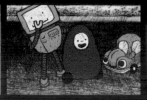 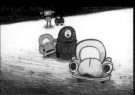

羅貝蒂請卡爾幫忙，波力用試輪子。

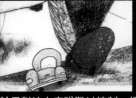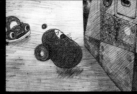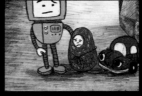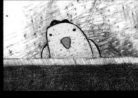

輪子對波力來說難以控制，撞上牆，輪子也撞飛了。在書桌上發條鳥吱吱看到了一切。

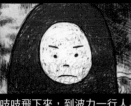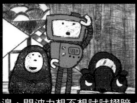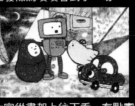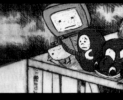

吱吱飛下來，到波力一行人身邊，問波力想不想試試翅膀。大家從書架上往下看，有點害怕。

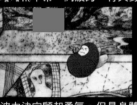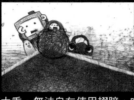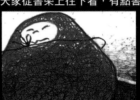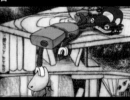

波力決定鼓起勇氣。但是身體太重，無法自在使用翅膀。吱吱見狀也跳下要救他，但她忘了翅膀在波力身上……

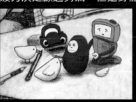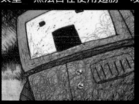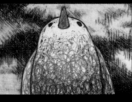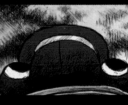

波力掉到書桌上，大家連忙去看波力。突然上面有動靜……

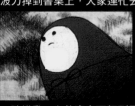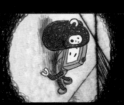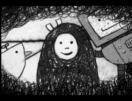

一陣慌亂，有什麼東西打到眾人。卡爾視角（90度倒地），睜開眼睛見波力在幫大家站起。

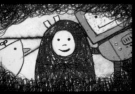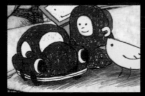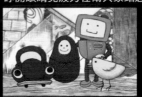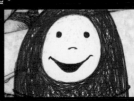

大家將卡爾扶好，卡爾看到大家的笑容。波力笑了，原來，原本的自己最好。

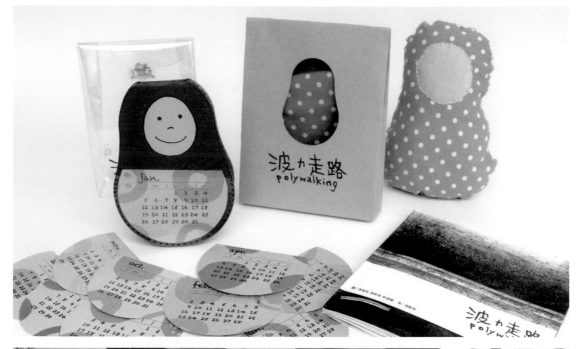

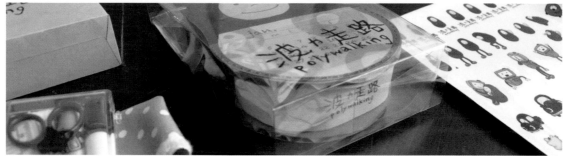

周邊商品

波力小睡枕 DIY 包：
手提紙袋，內有裁好的波力造型
布料、針線盒等製作材料，以及
製作流程說明。可以製作屬於自
己的波力小睡枕。是一個可以渡
過無聊時間的療癒小物！

月曆：
配合波力的造型與不倒翁的特性，
設計出可以左右搖晃的小月曆，不
倒翁腹部為一透明收納袋可放置月
份小卡。正面與背板之間有一收納
空間可放置每個月份的小卡。

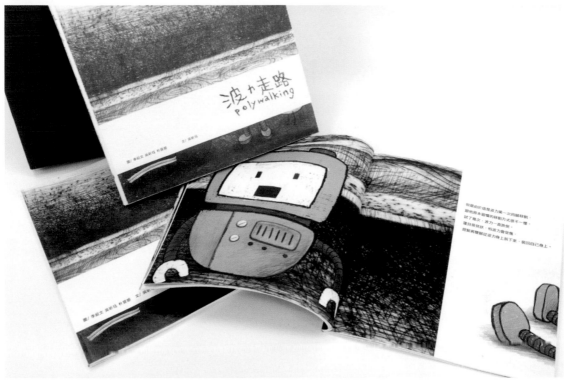

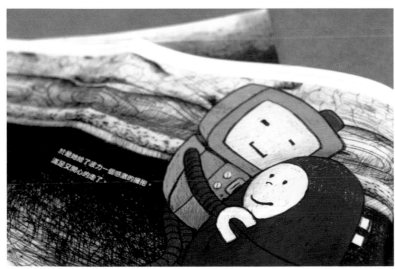

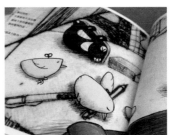

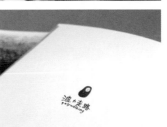

繪本

根據動畫,將角色、背景畫面精緻化,截取畫面加上文字、編排成獨立一本繪本。

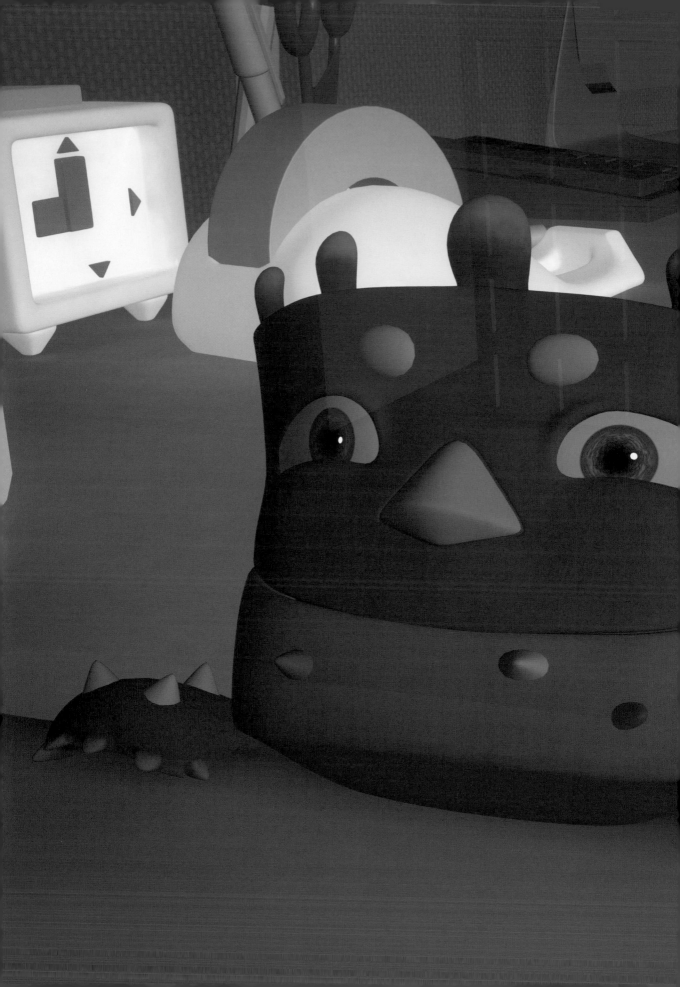

OUCH!

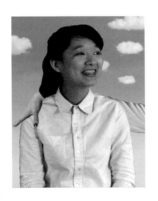

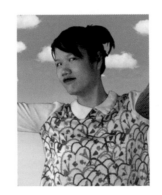

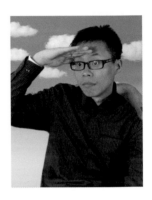

林 艷 平
Lin Yen Ping

李 奕 萱
Lee I Hsuan

巫 長 紘
Wu Chang Hung

The course of true love never did run smooth.
通向真愛的道路從無坦途。

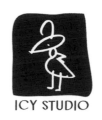

仙人掌與小紅熊軟糖
一部關於初戀的 3D 動畫

ICY STUDIO

專題介紹　　下班過後,人群散了,成天喧囂的辦公室回歸於寧靜。仙人掌又回到獨
處的世界,眺望著窗外的大型看板許久,而這是他每一天最期待做的事。
突然間「碰」的一聲,仙人掌轉身只見一包袋子置於桌上。仙人掌好奇
地打開袋子,沒想到出場的竟是看板中的主人翁,那位他所朝思暮想的
小紅。仙人掌興奮地向前示好,但仙人掌渾身的刺卻讓小紅望之卻步,
小黃們連忙排成列隊阻擋,讓他無法親近小紅。

　　這天早晨,躺在隱形眼鏡盒的小紅仍在睡夢中。小紅身上所散發的甜味
四溢,惹來早已虎視眈眈的螞蟻們前來綁架小紅。仙人掌發現後不惜以
身上的肉刺作為武器射向螞蟻,殊不知卻射傷了最想保護的小紅。愛漂
亮的小紅對臉上的傷疤難過不已。仙人掌在無法求得小紅的諒解之下,
更加懷疑自己的本質,憤而拔刺。但在他拔光所有的刺後,就倒地不起。
小紅用棉花棒填補仙人掌的坑坑洞洞。不久,仙人掌甦醒了!更驚喜的
是,仙人掌頭上的肉芽開花了!仙人掌摘下花朵彌補小紅臉上的缺口,
讓小紅變得更加美艷動人!

創作理念　　開始學習電腦動畫也一年多了,腦袋裡面一直有個故事存了很久。很單
純的一個小故事,藉由這次的機會嘗試新的動畫創作。喜歡 3D 動畫的前
輩和老師也總說「要好好從頭到尾的把動畫流程走過一遍,以後和團隊
合作才會順利理解不同部門的想法,自己也可以藉這機會闖闖自己在電
腦動畫想要專攻的方向。」所以就算被勸阻後,依舊十分大膽的照著自
己的感覺選擇 3D 動畫短片為主題。

　　起初的題材發想過程一波三折。原本還雄心壯志,意圖做個非常有長壽
潛能的短片。但礙於時間的考量,決定以小搏大,認真的小題大作一番。
我們以四格漫畫的方式說故事,直到組員間彼此對一個故事格外感興趣,
那就賓果了。

工作人員　　李奕萱:導演 / 故事文本 / 角色設計 / 美術 / 建模 / 綁定 / 動畫 / 剪接
　　　　　　　林艷平:分鏡腳本 / 建模 /2D 手繪 / 動畫
　　　　　　　巫長紘:分鏡腳本 / 建模 / 綁定 / 材質 / 燈光 / 動畫

　　　　　　　配樂:紋聲工作室
　　　　　　　特別感謝: Stella / Jo / Tony

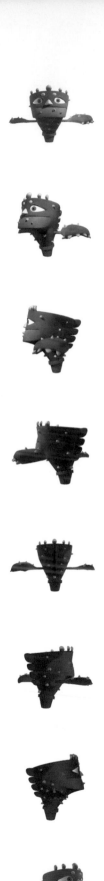

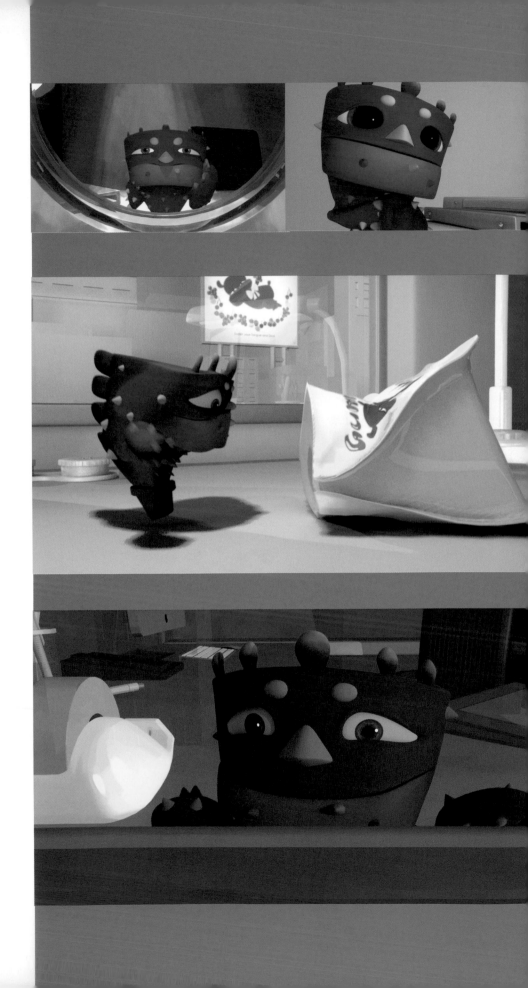

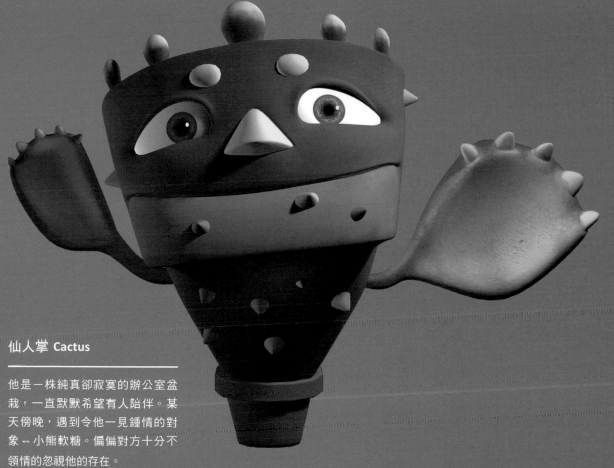

仙人掌 Cactus

他是一株純真卻寂寞的辦公室盆
栽,一直默默希望有人陪伴。某
天傍晚,遇到令他一見鍾情的對
象 -- 小熊軟糖。偏偏對方十分不
領情的忽視他的存在。

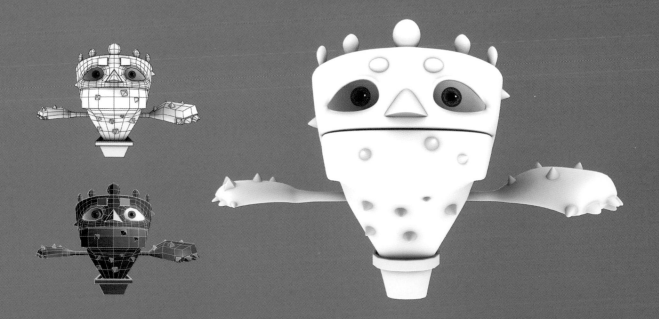

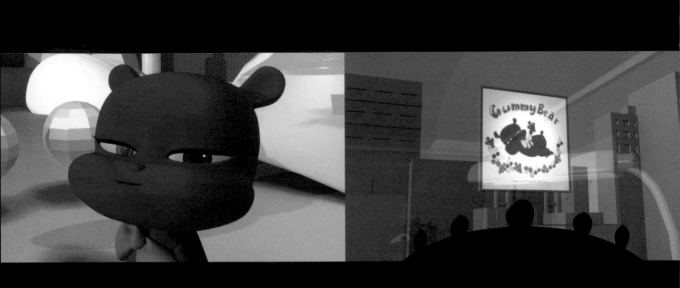

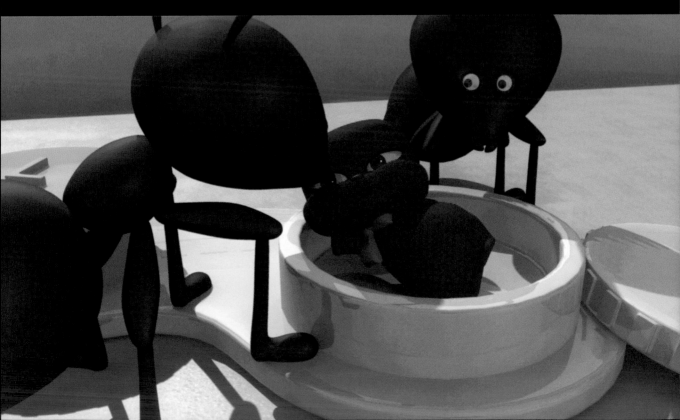

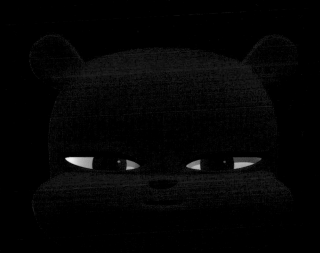

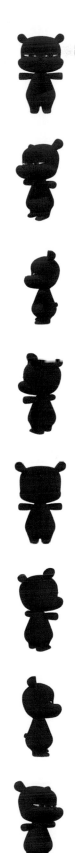

小紅熊軟糖 Red

小黃熊們的偶像，也是 Gummy
Bear 的廣告代言人。小公主的
她，十分注重自己的外表，害
怕一絲一毫的損傷。面對滿身
是刺的仙人掌，避之猶恐不及。

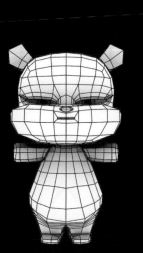

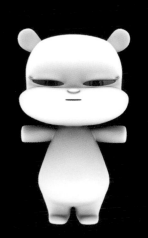

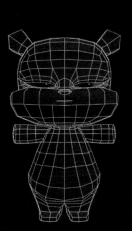

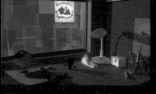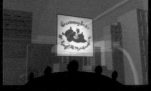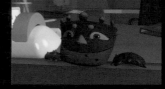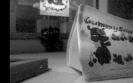

喧鬧的辦公室歸於寧靜。突然間「碰」的一聲，只見袋子置於桌上，仙人掌好奇地打開袋子，
出場的竟是看板中他所朝思暮想的小紅。

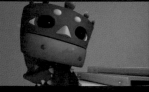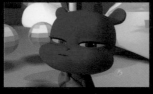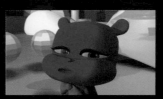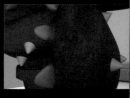

仙人掌興奮地向前示好，但仙人掌渾身的刺卻讓小紅望之卻步，
小黃們連忙排成列隊阻擋，讓他無法親近小紅。

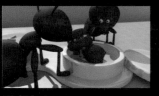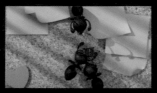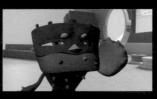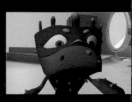

虎視眈眈的螞蟻們前來綁架小紅，仙人掌發現後不惜以身上的肉刺作為武器射向螞蟻，
殊不知卻射傷了最想保護的小紅。

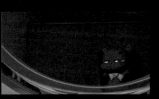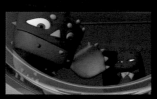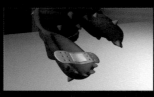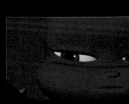

愛漂亮的小紅對臉上的傷疤難過不已。仙人掌在無法求得小紅的諒解之下，更加懷疑自己的本質。

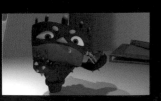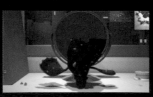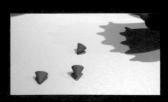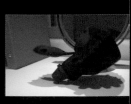

仙人掌憤而拔刺，他拔光所有的刺後，倒地不起。小紅用棉花棒填補仙人掌的坑坑洞洞。
不久，仙人掌甦醒了！

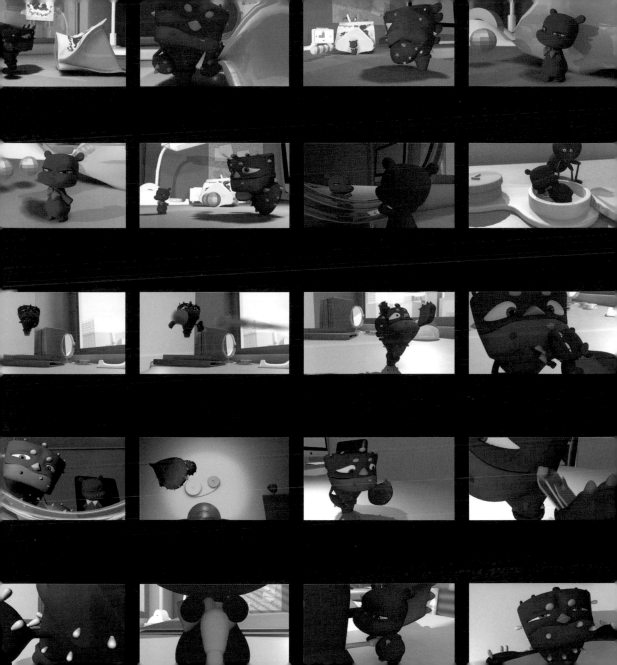

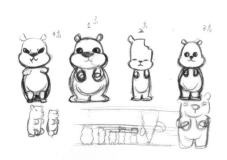
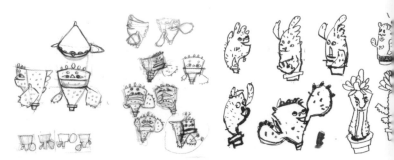

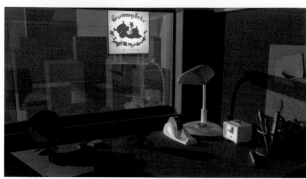
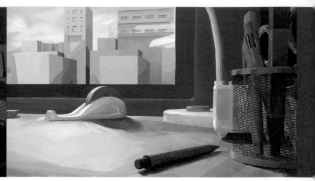

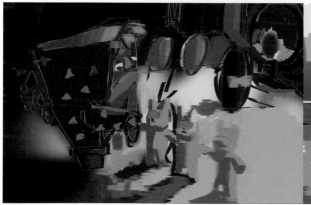
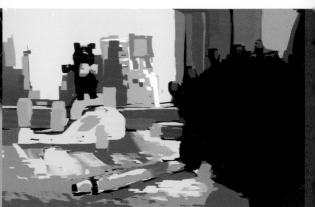

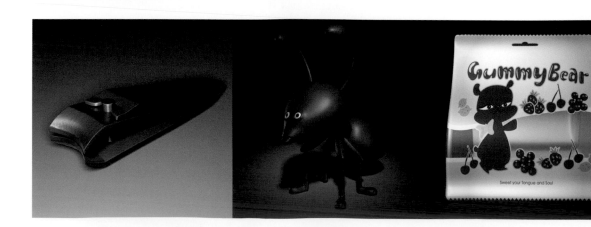

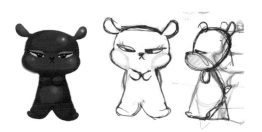

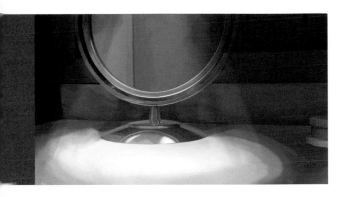

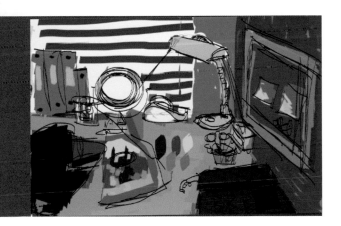

草圖
人物設定手繪草圖

場景
黃昏後 / 清晨 / 夜晚

Color board
仙人掌被阻止靠近紅小熊軟糖
清晨的辦公室
最初的彩稿設定

小道具與配角
仙人掌用來拔刺的指甲剪
小熊軟糖包裝袋
黃小熊侍衛群

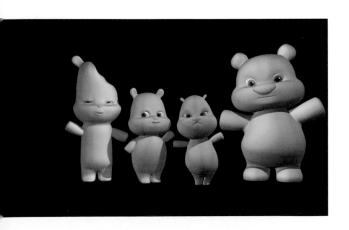

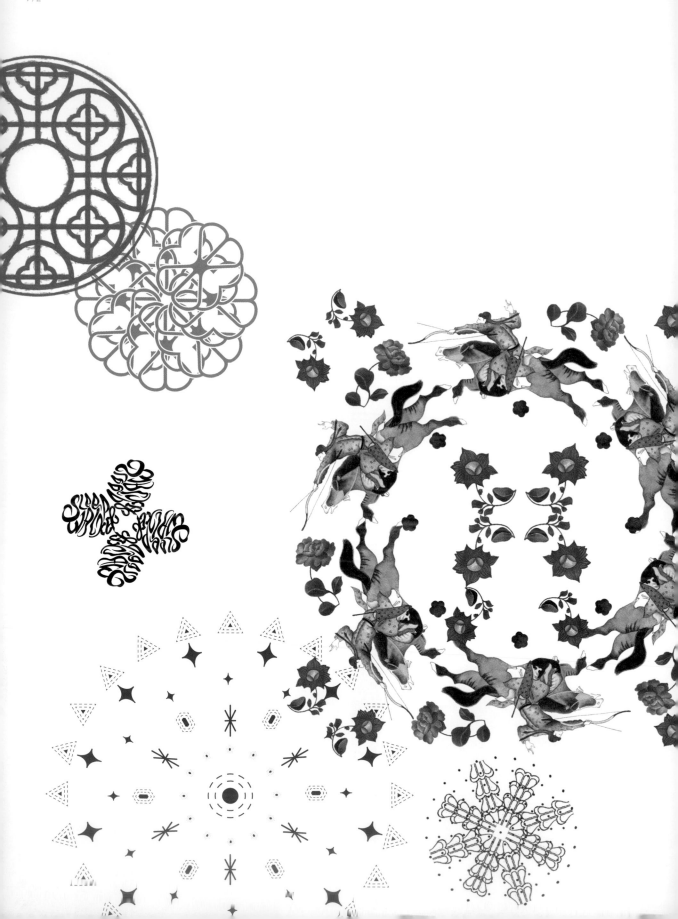

Class of 2013
Department of Design
National Taiwan Normal University

設計群

官孟穎	Kuan Meng Ying	kuan.mengying@gmail.com
王媛俐	Wang Yuan Lih	yuanlihwang.gmail.com
張靜怡	Cheng Ching Yi	happyalucky@yahoo.com.tw
湯晴雯	Tang Ching Wen	tomkiss030@yahoo.com.tw
黎世堯	Li Shi Yao	leoyosteven@hotmail.com
林俐妘	Lin Li Yun	wow3224991@hotmail.com
高千雅	Kao Chien Ya	lillankk@yahoo.com.tw
陳惠喬	Chen Hui Chiao	jorochenemail@gmail.com
吳亭葶	Wu Ting Ting	n19913133@yahoo.com.tw
潘欣苡	Pan Hsin Yi	cutewennie2000@yahoo.com.tw
黃浥昀	Huang I Yun	a80327@yahoo.com.tw
陳怡珊	Chen I Shan	shiny513013@hotmail.com
黃可多	Huang Ke Do	x912x912@yahoo.com.tw
黃詒	Huang Yi	allison2686@yahoo.com.tw
吳宇婷	Wu Yu Ting	yamusata618@hotmail.com
彭敏惠	Peng Min Hui	s510797@hotmail.com
林柏甄	Lin Po Chen	sunshine20561@yahoo.com.tw
劉邑琳	Liou Yi Ling	queen610@livemail.tw
余佩玲	Yu Pei Ling	k1991713@hotmail.com
朴宣姬	Pu xuan ji	seline89@yahoo.co.kr
吳昕珏	Wu Hsin Cheuh	jill1991225@hotmail.com
李紹文	Li Shao Wen	mniswl@hotmail.com
林艷平	Lin Yen Ping	linyenmo@gmail.com
李奕萱	Lee I Hsuan	lee791230@gmail.com
巫長紘	Wu Chang Hung	george_wu510351@yahoo.com.tw

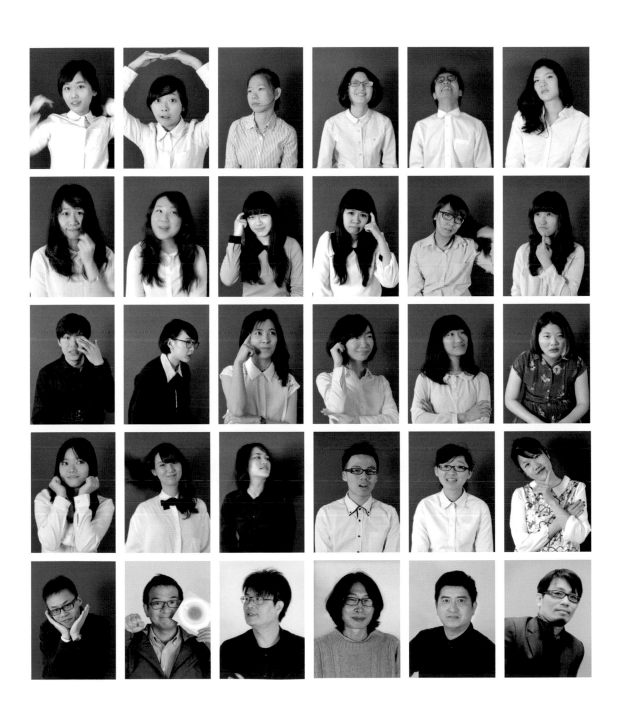

國家圖書館出版品預行編目 (CIP) 資料

生存術：設計交鋒 南北會師 / 國立臺灣師範大學設計
學系第一屆畢業生作 . -- 初版 . -- 新北市：新一代圖書，
2013.06
　面；　公分
ISBN 978-986-6142-36-9（平裝）

1. 設計　2. 作品集

　960　　　　　　　　　　　　　　　102008789

生存術 - 設計交鋒 南北會師
SUREATION - The Crossing Over of Design Between North & South

總 編 輯：許和捷
指導老師：林俊良 蘇文清 廖偉民 劉建成
作　　者：國立臺灣師範大學設計學系 第一屆畢業生
形象規劃：李紹文 潘欣苡 吳亭葶 李奕萱 湯晴雯 黃詒 彭敏惠 朴宣姬
美術編輯：李紹文 潘欣苡 吳亭葶 李奕萱

發 行 人：顏士傑
編輯顧問：林行健
資深顧問：陳寬祐
出 版 者：新一代圖書有限公司
地　　址：新北市中和區中正路 906 號 3 樓
郵政劃撥：50078231 新一代圖書有限公司
電　　話：(02)2226-3121
傳　　真：(02)2226-3123
經 銷 商：北星文化事業有限公司
地　　址：新北市永和區中正路 456 號 B1
電　　話：(02)2922-9000
傳　　真：(02)2922-9041
印　　刷：五洲彩色製版印刷股份有限公司

定　　價：新台幣 480 元整